AG SPAK M 110

Henning Schmidt-Semisch

Drogen als Genußmittel
Ein Modell zur Freigabe illegaler Drogen

Mit einem Vorwort
von Sebastian Scheerer

Impressum:

© bei den Autoren

1. Auflage 1992

Lektorat:	Sven Hanuschek, München
Umschlaggestaltung:	Stephan von Borstel, Kassel
Satz:	Thomas Bacher, Augsburg
Druck:	Lokay, Reinheim
Erscheinungsort:	München

Dieser Band erscheint als M 110 in der Reihe
MATERIALIEN DER AG SPAK
bei AG SPAK Bücher
(Träger: Verein zur Förderung der sozialpolitischen Arbeit e.V.)

Vertrieb:	AG SPAK Bücher
	Adlzreiterstraße 23, 8000 München 2
sowie für:	Österreich: Herder-Auslieferung, Wien
	Schweiz: Impressum Verlag AG, Schaffhausen

CIP Titelaufnahme der Deutschen Bibliothek

> **Schmidt-Semisch, Henning:**
> Drogen als Genussmittel : ein Modell zur Freigabe illegaler
> Drogen / Henning Schmidt-Semisch. Vorw. von Sebastian
> Scheerer. - München : AG-SPAK-Publ., 1992
>   (Materialien der AG SPAK ; M 110)
>   ISBN 3-923126-77-8
> NE: Arbeitsgemeinschaft sozialpolitischer Arbeitskreise: Materialien der
>   AG ...

INHALT

Vorbemerkung 7
Vorwort 8

I. Einleitung: Drogenpolitik und Gesellschaft 19

II. Die Debatte über die Freigabe illegaler Drogen . . 31
   1. Verschreibung illegaler Drogen an Abhängige 34
   1.1. Das Britische System 34
   1.2. Das Amsterdamer Morphium-Experiment 37
   1.3. Der Voscherau-Vorschlag 40
   1.4. Resümee 43
   2. Verabreichung illegaler Drogen in Konsumläden . . 48
   3. Legalisierung illegaler Drogen 54
   4. Resümee 67

III. Ein lebensmittelrechtliches Modell
der Drogen-Freigabe 70
   1. Drogen als Genußmittel 72
   1.1. Der Begriff "Genußmittel" 72
   1.2. Legale Drogen als Genußmittel 76
   1.3. Illegale Drogen als Genußmittel? 83
   2. Inhaltliche Ausgestaltung eines
lebensmittelrechtlichen Modells 95
   2.1. Welche Drogen freigeben? 95
      Welche Substanzen? 95
      Welche Applikationsformen und Dosierungen? 101
   2.2. Wer darf Wo mit Drogen handeln? 105
   2.3. Soll es Konsumbeschränkungen geben? 112

2.4. Sollen Steuern erhoben werden? 115
2.5. Soll für Drogen geworben werden dürfen? 119
    Werbung vs. Produktinformation 120
    Verpackung und Warnhinweise 125
2.6. Wer garantiert/kontrolliert Herstellung und
    Qualität? 131
2.7. Wer trägt die Verantwortung bei
    "Drogen-Unfällen"? 141
    Unfälle aufgrund mangelhafter oder
    gesundheits-gefährdender Qualität 142
    Vom Konsumenten selbst verschuldete Schädigungen
    und Unfälle 147

IV. Resümee: Drogen außer Kontrolle? 152

Verzeichnis der englisch-sprachigen Originalzitate 161
Literaturverzeichnis 167
Abkürzungsverzeichnis 181

Vorbemerkung

Danken muß ich an dieser Stelle der *Johanna-und-Fritz-Buch-Gedächtnisstiftung* für die großzügige finanzielle Unterstützung sowie dem *Chance e.V.* in Münster. Weiterhin gilt mein Dank der *Drogen-Pizza-Connection (Horst Bossong, Christine Bauer, Sebastian Scheerer)*, die mir zahlreiche nützliche und weiterführende Diskussionen und Anregungen bescherte. Für eine kritische Durchsicht des Manuskripts bin ich überdies *Birgit Locnikar* zu Dank verpflichtet.

Bremen, im April 1992

Henning Schmidt-Semisch

Vorwort

In der Drogenpolitik kann es - das ist Konsens zwischen Ärzten und Juristen, Rechten und Linken , Konsumenten und Kommissaren - nicht mehr so weitergehen wie bisher. Die Beschaffungskriminalität nimmt in demselben Ausmaß zu wie die Verelendung der Junkies, die Todeszahlen gehen sprunghaft nach oben, zugleich werden immer mehr Gelder (einst in Millionen-, allmählich in Milliardenhöhe) in einen Bereich investiert, in dem die Lage sich trotz allen Geld-Pumpens einfach nicht bessern will. Es ist mit dem "War on Drugs", wie die USA ihr Drogenbekämpfungsprogramm nennen, wie damals mit ihrem "War in Vietnam". Die Eskalation ist imposant, die Erfolge aber bleiben aus. Und wie in jenem Dschungelkrieg vor zwanzig Jahren (als manche Politiker den Einsatz der Atombombe forderten, um einen Sieg zu erzwingen, während sich bei der Mehrheit allmählich die Erkenntnis durchsetzte, daß das größte Problem gar nicht in Hanoi, sondern in Washington selbst zu suchen war), so treibt auch der Drogenkrieg auf eine politische Entscheidung zu, die man wegwünschen und vor der man den Kopf in den Sand stecken mag, die aber unweigerlich in der nächsten Zeit zu treffen sein wird. Die Entscheidungsfrage ist schon heute so klar und deutlich zu formulieren, wie sie bald auch an Kabinettstischen und in Fraktionssälen, in Rathäusern und Wohnzimmern für Auseinandersetzungen sorgen wird, und zwar im Washingtoner Zentrum der Welt-Drogen-Politik wie in deutschen Landen, in Peru und Kolumbien wie in Laos und Afghanistan: Eskalation bis zum militärischen Krieg oder Entspannung, Krieg oder Frieden, "War on Drugs" (Bush) oder "Peaceful Measures", wie der kanadische

Drogenforscher Bruce Alexander seine Strategie einer De-Eskalation nennt.

Der weltweite "War on Drugs" wird, wie jeder Krieg, von lauter Propaganda begleitet. Die Argumente für den Krieg sind bekannt, werden von den Regierungssprechern in aller Welt bis zum Überdruß wiederholt und von einer "herrschenden Meinung" in der Wissenschaft (die sich zur Anti-Drogen-Doktrin der westlichen Führungsmacht nicht weniger knechtisch verhält als die heute so selbstgefällig kritisierte DDR-Wissenschaft sich seinerzeit der Staatsideologie unterwarf) in bemühter Gespreiztheit mit Fußnoten garniert. Bei den Falken im Drogenkrieg zählt schon lange nicht mehr die Macht der Argumente, sondern nur noch das Argument der Macht. Als 1990 in Bonn von Bundeskanzler Helmut Kohl mit viel Prominenz und Fahnenstangen der deutsche Beitrag zur Eskalation im Drogenkrieg - der sogenannte "Nationale Rauschgiftbekämpfungsplan" - der Öffentlichkeit vorgestellt wurde, da wußte außer Kohl und seinen Zofen und Schranzen noch niemand, daß die applaudierende Menge einen nackten Kaiser vor sich hatte. Denn das, was hier als neue Garderobe bejubelt wurde, war nicht einmal selbst-erdacht, sondern klammheimlich von einem amerikanischen Regierungspapier, der *National Drug Control Strategy* von 1989, abgekupfert worden. So "alamierend, erschreckend und bedrohlich", wie unsere Politiker immer behaupten, scheint ihnen die Drogensituation in Deutschland also gar nicht vorzukommen - noch lassen sie sich ihre Betroffenheiten, Situationsanalysen und ureigenen Antworten in Washington formulieren. Noch scheint es sich nicht für sie auszuzahlen, sich selbst ein Bild zu machen, selber nachzudenken und eigene Antworten zu suchen.

Gegen die Arroganz der Macht rührt sich ein bislang noch ohnmächtiger, aber breiter werdender Widerstand von Junkies,

Ex-Usern und Substituierten (JES), von Wissenschaftlern, Betroffenen und Angehörigen in Zusammenschlüssen wie dem akzept e.V. und zahlreichen weiteren Basisinitiativen, die sich gegen das Methadonverbot, das Absinenzparadigma und die mit der aggressiven Drogenprohibition einhergehenden Einschränkungen der Grund- und Bürgerrechte zur Wehr setzen. Im internationalen Rahmen gab es zunächst das *European Movement for the Normalization of Drug Policy* und jetzt, seit ihrer Gründung im April 1989 in Rom, die Internationale Liga gegen Drogenprohibition (IAL/*International Anti-Prohibitionist League*). In diesen Gruppen läßt man nicht denken, sondern man denkt selbst. Man geht den konkreten Erfahrungen, dem Leid wie dem Genuß, nicht aus dem Weg, sondern gewinnt sein Wissen aus der Durcharbeitung der gesammelten realen Wissensbestände. Es ist hier, wo die neuesten Forschungen aus renommierten Instituten wie dem Londoner *Institute for the Study of Drug Dependence* (ISDD) oder der *Addiction Research Foundation* (ARF) in Toronto zuerst gelesen und diskutiert werden - während sich die Täschners und Wankes und wie die offiziösen Wissenschaftler hierzulande sonst noch heißen mögen, aus der Wissenschaft als Erkenntnissystem längst abgemeldet haben und lieber ihre Spesenzettel und die Wünsche ihrer Auftraggeber studieren.

Die Arbeit von Henning Schmidt-Semisch gehört drogenpolitisch nicht zu den Falken, sondern zu den Tauben, nicht zum Argument der Macht, sondern zur Macht der Argumente. Er läßt sich in dem, was er denkt, nicht von Fragen der Etikette lenken ("Was kann ich noch sagen, ohne dafür schräg angesehen zu werden?"), sondern von Fragen, die sich aus der Forschungslogik der kritischen Drogenforschung selbst ergeben. Diese kritische Drogenforschung - also die, die sich klassischer Wissenschaftlichkeit auch und gerade dann verpflichtet fühlt, wenn sie damit in

Widerspruch zu politisch Gewaltigen geraten - wird international von Namen wie Edward M. Brecher, Norman E. Zinberg, Wayne M. Harding, Patricia Erickson, Peter Cohen und vielen anderen vertreten. Einer der bemerkenswertesten Autoren, der Australier Stephen M. Mugford, hat vor kurzem sieben Mythen benannt, auf denen die offizielle Drogenpolitik beruht, und aus deren Kritik sich die Ansätze für eine schadensminimierende Alternative ergeben:

1.) Drogen sind inhärent attraktiv und vermitteln dem Konsumenten angenehme Gefühle. Diese falsche Annahme - denn falsch ist sie auf jeden Fall angesichts der zahlreichen Studien, die nachweisen, daß eine positive Besetzung der Drogenerfahrung als Produkt sozialer Konstruktion und sozialen Lernens angesehen werden muß - steht häufig hinter prohibitionistischen Argumenten. Sie ist eng verknüpft mit der Vorstellung, daß ein Neuling eine verbotene Droge nimmt (oder sie heimlich verabreicht bekommt!) und - schwupp! - schon ist er abhängig. Mythen über die Beimengung von Opiaten in Haschisch oder LSD auf Klebebildchen oder über die "teuflische" Wirkung schon einer einzigen Crack-Pfeife beruhen paradoxerweise alle auf dieser, die möglichen positiven Wirkungen einer Drogeneinnahme ja extrem dekontextualisierenden, Verzerrung.

2.) Drogen enthemmen und führen zu Gewalt(kriminalität). Marihuana galt in den Dreißiger Jahren in den USA als Mörderkraut ("killer weed") und trat insofern die Nachfolge von Cocain an, dem schon um die Jahrhundertwende in den USA nachgesagt wurde, es mache die Neger aufsässig und sei verantwortlich für zahllose Vergewaltigungen weißer Frauen in den Südstaaten. Die elende Alltagspsychologie, die hinter solchen Projektionen steht, sagt mehr über die

Ängste ihrer Verbreiter als über die Wirklichkeit des Drogengebrauchs aus. Auch hier wird wieder die Substanz zum Subjekt stilisiert und verdrängt, daß die Manifestation antisozialen und aggressiven Verhaltens auf vielen Bedingungen beruht, von denen manche sehr viel wichtiger sein dürften als der Drogengebrauch. Wie wäre es sonst zu erkären, daß die riesengroße Mehrheit der Konsumenten aller legalen und illegalen Drogen trotz ihres Konsums (von Alkohol, Haschisch und/oder Cocain bzw. Crack) weder besonders bizarre noch besonders aggressive Verhaltensweisen an den Tag legen?

3.) Kontrollierter Gebrauch der verbotenen Drogen ist auf lange Sicht unmöglich. Die Verbindung dieses Mythos' mit dem prohibitionistischen Standpunkt ist offensichtlich: wenn es keine Möglichkeit gibt, Heroin oder Crack oder Ekstasy über längere Zeit zu gebrauchen, ohne danach süchtig zu werden, dann liegt der Schluß nahe, alles zu tun, um die Verfügbarkeit der Substanzen mit allen Mitteln zu drosseln. Doch die Vorstellung von der Zwangsläufigkeit einer Suchtentwicklung ist empirisch (und häufig auch noch konzeptionell) falsch. Informelle Regeln und Rituale helfen trotz des Drogenverbots - dessen Nebenwirkung ja gerade in der Verhinderung zahlreicher Kontrollmöglichkeiten besteht und insofern suchtfördernd ist - der Mehrheit aller Konsumenten illegaler Drogen, die Substanzen kontrolliert einzunehmen und nicht davon abhängig zu werden, bzw. sich sogar aus einer entstandenen Abhängigkeit wieder zu lösen, und zwar meist ohne Inspruchnahme professioneller Hilfe. Das gilt sogar für Heroin und Crack, wie empirische Untersuchungen zeigen.

4.) Die drogenfreie Gesellschaft ist ein realistisches Ziel. Ein amerikanischer Drogenbekämpfer hatte den USA für 1995 eine drogenfreie Gesellschaft versprochen und damit den enormen Zuwachs an Strafverfolgung und einen entsprechenden Abbau von Bürgerrechten legitimieren wollen. Die Idee, die illegalisierten Drogen aus den westlichen Gesellschaften wieder hinausdrängen zu können, ist vielleicht eine schöne Vorstellung, aber das ändert nichts daran, daß schon diese Zielsetzung gegen das Freiheitsprinzip des Grundgesetzes verstößt, daß die Zielerreichung zudem unrealistisch und mit großen menschlichen Opfern verbunden ist. Die Verelendung Zehntausender, ihre Inhaftierung und Zwangs-"Therapierung", die Verzweiflung der förmlich aus der Gesellschaft hinaus und nicht selten in den Tod getriebenen Konsumenten unerlaubter Drogen sind die Opfer, die auf dem Altar einer Politik gebracht werden, die, während sie über Leichen gehen muß, die Augen starr auf ein unbeflecktes Ideal gerichtet hält.

5.) Der böse Dealer und das mächtige organisierte Verbrechen. Im Gegensatz zu ihrem Image sind die Dealer weder gewissenlose "Drücker", die ihre Ware mit aggressiven Methoden unschuldigen Opfern aufdrängen, sondern gesuchte, mit ihren Kunden häufig durch Freundschafts-Netzwerke verbundene Kumpel, die durchaus auch zu solidarischen Handlungen und Hilfestellungen bereit sind. Auch sind sie keineswegs in weltumspannende Syndikate eingespannt, sondern häufig genug selbständige kleine und mittlere Gewerbetreibende, die von den hohen Gewinnspannen angezogen wurden. Daß sich darüber hinaus etwa in Kolumbien auch größere Kooperations-Phänomene bezüglich Produktion und Transport entwickelten, war nicht nur zum großen Teil eine Abwehrreaktion auf die Bedrohung durch die Instanzen sozialer Kontrolle, sondern ist zugleich ein Beleg dafür, daß die Kartellbildung und Marktkonzentration im Bereich der illegalen Drogen sehr viel schwieriger und sehr viel weniger weit fortgeschritten ist als im Bereich der legalen Drogen. Gerade in Kolumbien zeigt sich, daß größere Zusammenschlüsse im illegalen Bereich letztlich doch ein leichtes Ziel für die Strafverfolgung darstellen, weil sie dann leichter erkennbar, aufspürbar und angreifbar sind.

6.) Der Drogenkonsument als unschuldiges Opfer. Das ist das Komplementärbild zum Feindbild, das man vom Dealer malt. Je stärker die Opfer-Eigenschaften des Konsumenten betont werden, desto greller treten die Züge des gewissenlosen Dealers hervor. Je bemitleidenswerter der eine, desto schrecklicher und hassenswerter der andere. Doch in der Realität sind die Drogenkonsumenten (einschließlich der Abhängigen) weder besser noch schlechter, wedern schuldiger noch unschuldiger als der Dealer (oder als wir anderen Menschen). Die Vorstellung, daß Konsumenten zum Gebrauch "verführt" oder gar ohne ihr Wissen "angefixt" würden, entspricht nicht den Tatsachen. Die Initiation in den Konsum illegaler Drogen verläuft nicht anders als die Einführung in den Konsum von Alkohol.

7.) Jugendliche sind in Drogendingen naiv. Diese Vorstellung existiert offenbar (sonst gäbe es nicht die Art von Prävention und Drogenerziehung, die es leider gibt), auch wenn sie selten so offen ausgesprochen wird. Es wird angenommen, daß die bösen Verführer in der Lage wären, die naiven Jugendlichen zu Drogen zu überreden (und daß die Jugendlichen alles glauben würden, was die Dealer ihnen darüber erzählen), wenn es nicht die Gegen-Propaganda in der

Schule gäbe. Es ist eine unglaublich simplistische Vorstellung vom Bewußtsein Jugendlicher als eines leeren Gefäßes, daß nur möglichst schnell mit den richtigen Botschaften gefüllt werden muß, um diese dann kritiklos zu übernehmen und allen weitern Füll-Versuchen zu widerstehen. Nur so kann man sich erklären, daß der Staat sich offenbar im Wettlauf mit den bösen Dealern sieht und den armen 10jährigen, die von Drogen oft noch gar nicht wissen wollen, schon ungefragt alles mögliche über psychoaktive Substanzen erzählt... Nur so kann man sich auch erklären, daß Reformforderungen häufig mit dem Argument begegnet wird, daß man damit möglicherweise ein "falsches Signal" oder eine "falsche Botschaft" senden würde, so als würde eine Liberalisierung einer Aufforderung zum Drogenkonsum gleichkommen.

Was hier nur sehr holzschnittartig wiedergegeben wurde, läßt sich positiv gewendet als Basis für eine rationalere Drogenpolitik so formulieren: Der Gebrauch von Drogen wird sich nicht ausrotten lassen, sondern wird auf jeden Fall in dieser Gesellschaft weiter Bestand haben. Die Eskalation der Prohibitionspolitik wird daran nichts ändern. Zugleich wird aber der überwiegende Teil der Konsumenten weder sich selbst noch andere gravierend schädigen - es sei denn, als Folge gerade der Illegalität. Ein kleiner Teil des Drogengebrauchs wird - wie bei legalen Drogen auch - unverantwortlich und selbst- oder fremdschädigend sein. Es wäre zynisch, wenn sich Staat und Gesellschaft von diesem problematischen Teil des Drogenkonsums einfach abwendeten und sich nicht nach Kräften bemühten, den Schaden, der dadurch entsteht, so gering wie möglich zu halten.

Wenn man nun weiterfragt, was hieraus für all' jene folgen muß, die sich ihrer unseligen Kontraproduktivität wegen von der

Prohibitionspolitik verabschiedet haben, dann treten sofort praktische Fragen in den Vordergrund, wie zum Beispiel die Frage, welche nicht-prohibitionistischen Kontrollmöglichkeiten denn nach einer Aufhebung des Totalverbots in Frage kämen, ob man die Ärzteschaft mit der Kontrolle beauftragen kann oder muß oder wie man sonst eine Überflutung der Gesellschaft mit den heute ja immerhin in ihrer Verfügbarkeit reduzierten Drogen verhindern könnte. Wie können Gesundheitsschäden minimiert und Todesfälle verhindert, wie kann Aufklärung ohne Manipulation betrieben und wie können Exzesse des Staates wie des Marktes gleichermaßen verhindert werden?

Es sind diese Fragen, denen sich Henning Schmidt-Semisch in diesem, seinem zweiten Buch zuwendet. In seiner ersten Veröffentlichung[1] hatte er gefordert, den Zugang zu Heroin freizugeben und damit die Möglichkeiten einer effektiveren, weil authentisch sozialen Selbst-Kontrolle zu verbessern. Nicht Ärzte sollten die Verteilung kontrollieren - und die Abgabe sollte auch nicht nur an Abhängige erfolgen, sondern auch an Freizeitkonsumenten, die zu ihrem Drogengebrauch nicht durch die Sucht getrieben, sondern durch die Lust am Erlebnis gezogen werden. Auch andere riskante Substanzen - und riskant sind die psychotropen Substanzen alle - werden ja nicht von Ärzten nur an Süchtige verteilt, sondern for better for worse der Entscheidungsgewalt des mündigen Bürgers überlassen, sei es nun der Alkohol oder der Tabak. Wenn es nach den vorliegenden empirischen Untersuchungen keinen prinzipiellen Unterschied gibt, wenn Gebrauch bei allen Drogen möglich und Mißbrauch bei keiner Droge per Dekret auszuschließen ist, wenn - wie die historische Drogenfor-

---

[1] Henning Schmidt-Semisch (1990): Drogenpolitik. Zur Entkriminalisierung und Legalisierung von Heroin. München: AG SPAK Bücher

schung zeigt - die Aufteilung in erlaubte Genuß- und unerlaubte Rauschmittel wissenschaftlich nicht haltbar ist, dann ist es geradezu ein Gebot der Ehrlichkeit, ein holistisches, keine Droge privilegierendes und keine Droge diskriminierendes Konzept für eine künftige Drogenpolitik zu entwickeln.

Alle Drogen zu Rauschgiften zu erklären und zu verbieten wäre bizarr, absurd und verfassungswidrig. Alle ärztlicher Kontrolle zu unterstellen und zum Beispiel verschreibungspflichtig zu machen, wäre in höchstem Maße paternalistisch und würde zudem gegen den hippokratischen Eid verstoßen. Ein jeder Mensch hat zwar das Recht, sich durch riskanten Genuß selbst zu schädigen, aber kein Arzt hat das Recht, anderen Menschen Genußmittel zu verschreiben, die weder der Heilung dienen noch von ihren schädlichen Nebenwirkungen jemals völlig befreit werden können.

Also bleibt, weil es um das Recht auf Genuß (nicht auf Sucht!) geht, weil der heute kriminalisierte Gebrauch ja auch nichts anderes ist als die Option einer Minderheit für ungewöhnliche Genußmittel statt für die gewöhnlichen Genußmittel Alkohol, Tabak und Kaffee, nur die Akzeptanz dieser Drogenpräferenzen durch die Mehrheit und ihre Rechtsregeln. Auch wenn die Teetrinker gegenüber den Kaffeetrinkern heute in unserer Gesellschaft in der Minderheit sind, so steht ihnen doch das Recht zu, ihren Drogenpräferenzen legal nachzugehen. Dasselbe gilt, solange sie ihre Umgebung nicht unzumutbar belästigen oder schädigen, für diejenigen, die gerne Zigaretten rauchen oder, obwohl sie es gar nicht mehr "gerne" tun, sich davon abhängig fühlen. Die Heroin- und Kokainkonsumenten sind ebenfalls in der Minderheit. Auch sie haben das gute Recht, ihren eigenen Lebensstil zu pflegen, die Musik zu hören, die sie mögen und die Drogen zu konsumieren, die sie mögen (oder von denen sie sich noch nicht wieder befreien wollen oder können). So wie die

Raucher und die Trinker haben auch sie beides: ein Recht auf Genuß und ein Recht auf Hilfe. Ihnen im Namen des einen Rechts das andere zu verwehren, wäre zynisch (man verbietet ja auch nicht Bier und Wein im Namen der Hilfe, die man den Alkoholgefährdeten und Alkoholabhängigen in dieser Gesellschaft anbietet).

Es bleibt die Frage: Heroin und Kokain, Ekstasy und Crack ebenso wie Cannabis und Opium als Genußmittel - wie soll das gehen? Die vorliegende Arbeit gibt dazu Auskunft. So konkret wie noch keine vor ihr.

Hamburg, im Februar 1992

Sebastian Scheerer

I. Einleitung: Drogenpolitik und Gesellschaft

"Wenn unsere Nachkommen unsere Zeiten überleben sollten, was sollen sie von uns denken, dem führenden Geschlecht des Atom-Zeitalters, den Eroberern des Universums und den Meistern der Sonnenkraft, deren höchste Priesterschaft den Tod für Geschäftsleute verfügte, die mit bestimmten tabuisierten Blättern, Blumen und Gräsern handelten?"

(Rufus King 1990:12; O.Z.0) [2]

In den vergangenen Jahrhunderten hat es an vielen verschiedenen Orten Versuche gegeben, bestimmte psychoaktive Substanzen, seien es nun Kaffee, Tabak und Alkohol oder Opium, Heroin, Coca, Kokain und Cannabis, zu verbieten und dieses Verbot mit repressiven und präventiven Mitteln durchzusetzen. Man kann sagen, daß alle diese Prohibitionsversuche nur geringen Erfolg hatten und sogar eher kontraproduktive Effekte produzierten. Ein noch gar nicht so altes Beispiel dafür, daß ein Verbot die Gefährlichkeit des Konsums einer Droge immens vergrößerte, ist die Alkohol-Prohibition in den USA von 1920 bis 1933. Der verunreinigte und durch die Illegalität jeder Qualitäts- bzw. Produkt-Kontrolle entzogene Alkohol führte zu erheblichen sozialen und gesundheitlichen Risiken, die der Droge Alkohol selbst - so ausgeprägt - nicht immanent waren und sind (vgl.Brecher 1972:

---

[2] Längere englischsprachige Zitate habe ich übersetzt, um dem Leser/der Leserin die Arbeit etwas zu erleichtern. Die jeweiligen Originalzitate finden sich am Ende der Arbeit und sind mit den jeweiligen Kennziffern (O.Z.) zu identifizieren.

265f.; Levine 1982; Kaplan 1985:110f.). Die Illegalität eröffnete darüberhinaus dem sog. Organisierten Verbrechen einen neuen (wenn nicht gar den ersten), finanziell lukrativen Markt, der sich nach der Aufhebung der Alkoholprohibition anderen - nun neu oder mehr kriminalisierten - Drogen und Handelsgütern zuwandte. Die weitgehend erfolglose Politik der Repression als Mittel zur Verhinderung des Konsums bestimmter Substanzen hat die Situation der jeweiligen Konsumenten stets eher verschärft. Das offizielle Ziel einer solchen Politik, nämlich die Bekämpfung des jeweiligen sog. Drogensumpfes, war zudem meist Ausfluß von Ideologie und stand im Dienste anderer politischer und/oder kultureller Intentionen (vgl. nur Gusfield 1963; Selling 1989:78f.; Schivelbusch 1990).

Auf einer allgemeineren Ebene kann man sagen, daß (Drogen-) Kriminalität und -Kriminalisierung nicht nur negative, sondern auch positive Funktionen aufweisen. Abweichendes Verhalten und Kriminaliät markieren jenen Punkt, bis zu dem Verhalten gesellschaftlich oder kulturell annehmbar ist. Sie definieren die Verhaltensgrenzen von Devianz bzw. machen diese wahrnehmbar und damit thematisierbar. Durch die Wahrnehmung und Thematisierung einer Normverletzung wird die Norm selber verdeutlicht. Obwohl oder gerade weil (Popitz 1968) nur ein kleiner Teil der Normbrüche thematisiert werden kann, allein schon aus Kapazitätsgründen, trägt diese selektive Thematisierung zur Stabilisierung der dominanten gesellschaftlichen Ordnung bei (vgl.z.B. Coser 1979:23f. m.w.V.). Kriminalität scheint als selektiver bzw. selektierender Prozess daher ein notweniges Element der Aufrechterhaltung von gesellschaftlicher Ordnung und damit von Herrschaft zu sein.

"James Madison hat einmal gesagt, 'Wenn die Menschen Engel wären, dann wäre keine Regierung notwenig.' Zu diesem Satz gibt es einen Folgesatz, und zwar, daß keine Regierung ohne Teufel existieren kann." (Ksir 1989:159; O.Z.1) Die Gesellschaft sammelt sich solidarisch in dem gemeinsamen Ziel der Bekämpfung des jeweiligen *Teufels* und legitimiert ebendiese Bekämpfung durch die staatlichen Instanzen und damit auch deren Ausbau, der wiederum im Interesse des Staates selbst ist. So kann Johns (1990:17) zusammenfassend sagen, daß der Drogenkrieg zu vorteilhaft sei, um ihn aufzugeben ("The War on Drugs is too Beneficial to give up."). Nicht umsonst nannten daher auch Christie/Bruun (1991) ihr Buch *Der nützliche Feind*, denn der sog. Drogenhai, also der Drogen-Dealer, ist nach ihrer Auffassung für die Kontroll- und Herrschaftsinstanzen ein idealer Feind.

"Er ist gefährlich, er bringt den Tod oder Lebensgefahr. Er ist ein Verführer, er bringt Unglück über die Menschen, verleitet sie zur Droge, ehe sie wissen, was ihnen geschieht und schafft somit Abhängigkeit. Er ist skrupellos, denkt nur an den eigenen Gewinn und scheut vor keinem Mittel zurück. Er ist profitorientiert, macht enorme Gewinne und nimmt sich selbst vor den Drogen in acht. Gefährlich lockend, skrupellos, profitorientiert - gegen eine solche Person sollten die meisten Mittel recht sein." (Christie/Bruun 1991:79)

Mit Ksir (1989:163) wäre zu ergänzen, daß er überdies auch ein *Gesicht* hat, d.h. es sind Individuen (Konsumenten wie Dealer), in denen sich die Normverletzung gewissenmaßen manifestiert (vgl. auch Chapin 1990:299f.). Der Normverletzende, der Abweichende, symbolisiert aber auch die scheinbare Normalität, denn nur vor dem Hintergrund von Nonkonformität, werden Konformität und Normalität sichtbar. Dies ist, nach Mathiesen (1979), die sog. *Symbolfunktion* der Kriminalisierung, die verschleiert, wie ähnlich uns (d.h. den Konsumenten legaler Drogen) die illegalen Konsumenten und die illegalen Händler eigentlich sind. Die Konzentration auf die Dramatisierung einer Gruppe von Individuen lenkt zudem ab von anderen (den eigentlichen) Problemen der Gesellschaft, wie etwa Umweltzerstörung, Arbeitslosigkeit, Rüstung etc. (vgl. Mathiesen 1979; Wayburn 1990:336f.). Die vorgenannten gesellschaftlichen Probleme sind vor allem eher abstrakt, weshalb auch für die Medien die Thematisierung individuellen Fehlverhaltens attraktiver erscheint:

"Das Vorhandensein devianten Drogen-Konsums liefert somit dem Fernsehen, den Zeitungen und den Magazinen eine Gelegenheit, Zuschauer und Leser zu fesseln. Dies hat nicht nur steigende Werbeeinnahmen zur Folge, sondern bietet ebenfalls berufliche Gelegenheiten für Reporter und Verleger, an einem Thema zu arbeiten, welches als bedeutsam erachtet wird. Sie können die Wirkung ihrer Arbeit auf die Einstellung der Menschen wahrnehmen und sich nicht nur auf Grund ihrer Geschicklichkeit, mit der sie gearbeitet haben, gut fühlen, sondern auch, weil sie glauben, daß sie eine Arbeit ausführen, die der Gesellschaft dienlich ist." (Ksir 1989:160; O.Z.2)

"Wir würden es vielleicht gern wollen, daß man sich mit Umweltverschmutzung oder urbaner Armut als den eigentlichen Bedrohungen beschäftigt, aber meine pessimistische Aussicht ist es, daß dies lediglich schlechte Substitute sein werden, weil sie nämlich Teufel ohne Gesichter sind." (Ksir 1989:163; O.Z.3)

Die prohibitive Drogenpolitik hat demnach sowohl für das staatliche Gewaltmonopol und seine Agenten als auch für die Medien positive Funktionen, die sich zudem gegenseitig legitimatorisch ergänzen bzw. von einander abhängig sind. Der Staat bzw. der Gesetzgeber hat die Voraussetzungen des Verbots bestimmter Substanzen geschaffen und die (Straf-) Verfolgung gegen die Konsumenten und Vertreiber dieser Substanzen organisiert. Die

Medien schildern und kommentieren dankbar die Kämpfe gegen das Rauschgift, zumeist in Form von "Gesichtern" der Opfer und Täter.

"Bilder von Drogentoten in Toiletten, ausgemergelten und arbeitsunfähigen Haschisch-Orientalen, Opiumhöhlen, unheimlichen Drogen-Scenarien, Heroin-Laboratorien - Bilder, die durch entsprechend farbige Stories von minderjährigen Prostituierten, LSD-Selbstmorden und allmächtigen Dealer-Organisationen plastisch ergänzt werden." (Quensel 1982:23)

Der entstandene und nun herrschende Konsens der Drogenideologie und -berichterstattung, wie er von Quensel (1980 sowie 1982) anschaulich gezeichnet wurde, dient wiederum den professionell Interessierten im Polizei- und Sanktionsbereich zur Legitimierung ihrer Tätigkeiten. Kaum ein anderer "krimineller Bereich" hat wohl in den letzten Jahrzehnten so sehr zur personellen, technischen und gesetzlichen Ausweitung der polizeilichen Kompetenzen beigetragen, wie die sog. Rauschgiftbekämpfung.[3]

Parallel zu diesen expansiven Entwicklungen im Bereich der Drogenbekämpfung vollzieht sich gesamtgesellschaftlich ein Prozeß der Pluralisierung und Enttraditionalisierung bzw. der Ausdifferenzierung von Lebens(-stil) -Formen. Dabei bedeutet die sich anbahnende multikulturelle Gesellschaft nicht nur eine Vielfalt nationaler und regionaler Kulturen, sondern auch eine zunehmende Vielgesichtigkeit von Subkulturen, Lebensstilen, Lebensstil-Szenen etc. Es entsteht ein Erprobungsverhalten in Bezug auf neue Sozialbeziehungen und Lebensformen, die notwendig dort ins Politische umschlagen, wo sie die jeweilig aktuelle Grenze der Legalität, d.h. die gesetzlich-definierten

---

[3] vgl. ausführlicher Behr/Juhnke 1985;150ff.; Busch u.a. 1985:84; Scheerer 1986b:205ff.; Schmidt-Semisch 1990a:25ff.; Joset 1991:85f.

allgemeingültigen Normen der Moralität und Normalität tangieren oder überschreiten. Gleichzeitig werden in einer multikulturellen demokratisch-pluralistischen Gesellschaft die Grenzen zwischen moralisch richtigem und falschem Verhalten, also zwischen legitimen und illegitimen Handlungen mehr und mehr aufgeweicht; die Gegensätze zwischen institutionell entworfener und gesellschaftlich geltender bzw. gelebter Normalität verschärfen sich (vgl. Beck 1986:215). Moralische Definitionen allgemeinrechtlicher Art geraten zunehmend zum Problem, "unterstützen oder benachteiligen sie doch die eine oder andere der wetteifernden und konfligierenden kulturellen Gruppen in der Gesellschaft" (Gusfield 1975:167f.). Unterstützung durch gesetzliche Definitionen finden in erster Linie Aspekte und Strukturen der dominanten bzw. herrschenden Kultur, während die in der Erprobung befindlichen neuen Entwicklungen von Lebensstilen, Lebensformen etc. benachteiligt werden. Gesetzliche Verbote bestimmter Handlungen und Lebensformen können hierbei häufig als die letzte Bastion einer zuendegehenden kulturell-moralischen Epoche verstanden werden, der zur Verteidigung ihrer Lebensform nur der formale Gesetzesakt bleibt, da ein gesamtgesellschaftlicher Konsens nicht mehr vorhanden ist (vgl. z.B. Gusfield 1975:169; Steinert 1976:350f.). Individualisierung, Subkulturalisierung, Enttraditionalisierung können demnach gleichzeitig zu einer Standarisierung (subkulturell oder individuell) überkommener moralischer Wertvorstellungen führen, d.h. zu einer Verrechtlichung in Form von formellen (Straf-) Rechtsnormen. Schivelbusch (1990:238) schließt daher seine Ausführungen zur Geschichte der Genußmittel mit folgendem Satz:
"So wie im 17.Jahrhundert die Kaffee- und Tabakverbote Rückzugsgefechte mittelalterlicher Weltanschauung waren (welche zu Recht in den neuen Genußmitteln die bürgerlich-neuzeitliche

Dynamik witterte), so lassen sich die heute *noch* geltenden Verbote der Rauschdrogen interpretieren als Rückzugsgefechte bürgerlicher Rationalität und Selbstdisziplin."(vgl. z.b. auch Selling 1989; Hess 1989c:125-129).

Innerhalb dieses - hier nur sehr grob skizzierten - gesellschaftlichen Rahmens bewegt sich auch die aktuelle Drogenpolitik und hat sowohl politisch als auch gesellschaftlich einen hohen symbolischen Bedeutungsgrad erreicht. Die sich auf allen Ebenen vollziehende inner- und interstaatliche Aufrüstung schreitet kontinuierlich voran. Parallel zu diesem massiven Ausbau und der Internationalisierung des Strafverfolgungssytems reagiert der Staat mit einem Angebot von helfenden Maßnahmen. Diese beiden staatlichen Reaktionsformen sind im Betäubungsmittelgesetz der Bundesrepublik Deutschland in dem Prinzip "Therapie statt Strafe" miteinander gekoppelt worden. In der neueren Literatur gibt es Ansätze, diese Koppelung auszubauen und zu verfestigen, zum einen das Modell des frühzeitig eingreifenden Initialzwangs (z.B.Bühringer 1990), zum anderen das Modell einer umfassenden außerstrafrechtlichen "Internierung" von Drogenkonsumenten (z.B.Kathollnigg 1990).

Gleichwohl werden beide o.g. staatlichen Interventionsformen (nicht nur) für den Drogenbereich zunehmend kritisch betrachtet und in Frage gestellt. Es ist von der Dysfunktionalität und Kontraproduktivität dieser staatsinterventionistischen Steuerungsinstrumentarien die Rede, in jüngster Zeit auch von Verfassungswidrigkeit (vgl. Vogt/Scheerer 1989:42f.; Böllinger 1991). Indes weisen die herrschenden Sanktionsformen gerade im Drogenbereich eine starke Resistenz auf.

Es ist die Frage, ob in einer pluralistischen, sich soziokulturell zunehmend differenzierenden und nicht zuletzt demokratischen Gesellschaft nicht andere als hierarchisch-repressive und zentralistisch-formelle Reaktionsformen, Vorgehensweisen und Strategien angemessener wären und wie diese auszusehen hätten.

Heute sind wir an einem Punkt angelangt, an dem die negativen Folgen der repressiven Politik gegen bestimmte Substanzen so offensichlich geworden sind wie selten zuvor: Die gesundheitliche und soziale Situation von Drogenkonsumenten ist erschreckend. Der expandierte und weiterhin expandierende Polizei- und Strafverfolgungsapparat hat zwar zu einer Verschärfung auf der *Szene* und zu einer erhöhten drogenkonsumierenden und drogenabhängigen Gefängnispopulation geführt, aber keineswegs zu einer Reduzierung des Angebots illegaler Drogen oder einer Abnahme der Konsumenten- und Abhängigenzahlen. Vielmehr hat die staatliche Repression soziale und gesundheitliche Verelendung, Beschaffungskriminalität, hohe Profite des Drogenhandels, Mißtrauen und Gewalt auf der Szene etc. erst produziert (z.B. Lord 1990). Die gesamte Lebenssituation von abhängigen Konsumenten verhindert oft eine sterile Injektion; der aufgrund der Prohibition auf Schwarzmärkten gehandelte und daher um ein Vielfaches überteuerte Stoff, der zu keiner Zeit in seinem Reinheitsgrad eingeschätzt werden kann, treibt die Abhängigen in die erneute Illegalität der Beschaffungskriminalität.
Die dem Strafrecht angegliederte therapeutische Behandlung ("Therapie statt Strafe" als strafrechtliches Prinzip) hat nur vernichtend niedrige Erfolgsquoten aufzuweisen und widerspricht darüberhinaus in vielen Aspekten Menschenwürde und Rechtsstaatlichkeit (vgl. z.B. Dammann/Scheerer 1985; Böllinger 1991). Die Freiwilligkeit zu (therapeutischer) Behandlung und/oder Hilfe ist vor dem Hintergrund von Kriminalisierung und Leidensdruckideologie schon gar nicht gegeben. Über das Annehmen, Abbrechen und Fortführen von Therapie oder Hilfe entscheidet

der Drogenkonsum immer vor dem Hintergrund von Repression und Kriminalisierung auf der einen und von häufig hierdurch bedingter sozialer und gesundheitlicher Verelendung auf der anderen Seite (vgl. Schmidt-Semisch 1990a:51ff.). Zudem hat er offiziell nur die Wahl zwischen Abstinenz und Sucht, also entweder Abstinenztherapie oder Leben auf der Szene. Hilfestellung für ein *Herauswachsen* aus der Sucht (maturing out) oder für das Erlernen eines *kontrollierten Gebrauchs* von Drogen wird ihm nicht ermöglicht. Daran ändern auch die (immer noch erst) halbherzig und zögernd eingeführten Methadon-Programme nichts. Die von einigen Wissenschaftlern bereits vor Jahren gemachte Aussage "Nicht die Droge, die Drogenpolitik ist das Problem" (z.B. Quensel 1982; Marzahn 1983 u.a.) stimmt heute mehr denn je, und so ist es nicht verwunderlich, daß die Forderungen nach Repressionsverminderung in der Drogenpolitik, nach Entkriminalisierung, (kontrollierter) Freigabe oder nach Legalisierung, jedenfalls in Teilen der Fach-Öffentlichkeit, immer lauter werden. Als das Thema "Freigabe illegaler Drogen" 1988 das erste Mal die deutschsprachige Medienlandschaft erklomm, herrschte noch eine große Skepsis bei Medienmachern, Journalisten und Politikern. Solche Gedanken hatten zuvor den akademischen Elfenbeinturm selten verlassen. Nun konnte man in Tages- und Wochenzeitungen, aber auch im Fernsehen solcherlei Diskussionen verfolgen. Im Juli des Jahres 1989 wagte der Hamburger Bürgermeister Henning Voscherau - als erster Politiker einer (Bundes- oder) Landesregierung - den zumindest verbalen Vorstoß, eine Vergabe von illegalisierten Drogen an Abhängige als sinnvolle Reform und drogenpolitische Notwendigkeit darzustellen. Am 16.Januar 1990 trug er diese Gedanken auch dem Deutschen Bundesrat vor und wiederholte sie zudem im Oktober 1990 in einem SPIEGEL-Interview.

"Wenn es erst so weit kommt wie in Amerika, wo die Leute zunehmend synthetische Drogen nehmen, die Menschen dazu veranlassen, auf andere loszugehen, dann ist es zu spät. Deshalb werbe ich mit so ungeduldigem Ingrimm dafür, die Drogenvergabe jetzt durch den Staat und nicht durch die Mafia kontrollieren zu lassen." (Voscherau im Spiegel vom 8.10.1990, S.134)

Die Freigabe illegaler Drogen wird somit seit 1988 zwar nicht besonders häufig, aber immerhin doch kontinuierlich in den Medien thematisiert.

Gleichzeitig ist die Freigabe illegaler Drogen als Fragestellung auch zunehmend in der deutschsprachigen wissenschaftlichen Diskussion zu finden. Waren bis dato Fragen nach einer Freigabe häufig mit dem Hinweis auf ihre politische Nicht-Umsetzbarkeit vernachlässigt oder zurückgestellt worden (z.B. Quensel 1982: 266) und hatte man sich weitgehend auf Fragen einer Substitutionsbehandlung sowie deren Umsetzung konzentriert, so wurden nun auch die Wissenschaftler zunehmend offensiv. Wir werden diese Literatur im Verlauf dieser Arbeit ausführlich kennenlernen. Eine Einbeziehung neuerer anglo-amerikanischer Literatur ist hierbei unabdingbar, diskutiert man doch in diesem Sprachraum schon seit vielen Jahren einen Ausstieg aus der prohibitiven Drogenpolitik, wenn auch bisher mit wenig politischem Erfolg.

Aber warum eine weitere Abhandlung zum Thema "Freigabe illegaler Drogen" schreiben? Aus zwei Gründen: Zum ersten soll ein (möglichst erschöpfender) Überblick über die vorhandenen Ansätze und Argumentationen in der Freigabe-Debatte geliefert werden. Zum zweiten ist bisher, zumindest in der deutschsprachigen Literatur, noch kein Modell elaboriert worden, welches die Umsetzung einer Freigabe illegaler Drogen gestaltet bzw. sich mit jenen Fragen beschäftigt, die sich bei ihrer Umsetzung ergeben und die zudem von Kritikern einer Freigabe immer schon gestellt wurden und immer noch gestellt werden (z.B. Jacobs 1990; Evans 1990).

Diese zwei Aspekte sollen in den nachfolgenden Ausführungen bearbeitet, die notwendigen Fragen entwickelt, gestellt und soweit möglich beantwortet werden. Dieses Vorhaben bestimmt die Struktur und den Aufbau der Arbeit. Zunächst sollen die Ansätze in der Freigabedebatte dargestellt und diskutiert werden. Den Anfang wird dabei der politisch aktuellste und meist diskutierte Vorschlag von Henning Voscherau - die *Drogen-Verschreibung an Abhängige* - bilden. Es wird zu fragen sein, inwieweit die Ziele, die diesem Vorschlag immanent sind, eine realistische Perspektive haben. Daran anschließend soll ein etwas weitergehendes Konzept vorgestellt werden, das der Schweizer Arzt André Seidenberg entworfen hat. Er plädiert für eine *Drogenverabreichung in Konsumläden*, in denen er unter ärztlicher Aufsicht Drogen aller Art und in verschiedenen Applikationsformen ausgeben will. Auch hier muß kritisch nach dem mit einem solchen Modell Erreichbaren gefragt werden. Den Abschluß dieses Kapitels bilden Argumente und Ansätze für eine vollständige *Legalisierung illegaler Drogen*, d.h. Vorschläge, die für eine Drogenpolitik jenseits von Strafrecht und repressiver Verfolgung plädieren. Es ist die These dieser Arbeit, daß die letztgenannten Ansätze geeigneter sind, die Mißstände und Paradoxien der herrschenden Drogenpolitik zu beheben und uns zu einer "gerechteren" und menschenfreundlicheren Drogenpolitik zu führen, als die zuvor dargestellten.

Im Anschluß daran wird, auf diesen Ergebnissen aufbauend, ein Modell konzipiert, welches uns in ein Rechtsgebiet führt, in dem, ebenso wie im Betäubungsmittelgesetz (BtmG), eine ganze Reihe psychoaktiver Substanzen bzw. Genußmittel (z.B. Alkohol, Nikotin, Koffein etc.) geregelt sind: Das Lebensmittel- und

Bedarfsgegenstände-Gesetz (LMBG). Es wird zu untersuchen sein, inwieweit dieses Gesetz einen Ansatz zur Regelung heute illegaler Substanzen bietet und mit welchen Fragen man sich zu beschäftigen hat, wenn man einen solchen Weg aus dem "Drogen-Politik-Problem" heraus zu beschreiten sucht.

II. Die Debatte über die Freigabe illegaler Drogen

> *"Seit Kunde von Menschen auf dieser Erde zu uns gelangt ist, so auch die, daß sie Stoffe aufnehmen, die nicht Nahrungs- oder Sättigungsstoffe waren, sondern bewußt dem Zwecke dienen sollten, für eine gewisse Zeit einen Zustand von Euphorie, von Behagen, von erhöhtem, subjektiv angenehmem Wohlbefinden hervorzurufen."*
>
> *(Louis Lewin 1927:7)*

Die Debatte über die Freigabe illegaler Drogen ist facettenreich. Vertreter vieler wissenschaftlicher Disziplinen haben sich in die Diskussion eingeschaltet, so daß die Freigabe-Debatte im Drogenbereich durchaus als interdisziplinär bezeichnet werden kann. Allerdings verursacht dieser Facettenreichtum auch einige Undeutlichkeiten der benutzten Begriffe in der Diskussion über die Freigabe illegaler Drogen. Was mit *Entkriminalisierung* oder *Legalisierung* oder *Freigabe* jeweils gemeint ist, ergibt sich häufig erst aus den Ausführungen der jeweiligen Autoren. So führt z.B. der Aufsatz von Katholnigg (1990) den Begriff der Entkriminalisierung im Titel. Gemeint ist aber die Einrichtung einer anderen (vielleicht sehr viel weitreichenderen) Art staatlicher Kontrolle. Katholnigg will zwar weitgehend auf Strafhaft für Drogenkonsumenten verzichten; gleichzeitig will er diese Personengruppe aber mit Hilfe z.B. des Bundesseuchengesetzes (§ 37 Abs.2 Satz 1) zwangsweise unterbringen. Alle Konsumenten illegaler Drogen, unabhängig davon, ob sie abhängig sind oder nicht oder ob ihre

Droge überhaupt abhängig macht oder nicht, sollen von einer solchen Unterbringungsregelung erfaßt werden und mit Hilfe des Bundesseuchengesetzes oder der Gesetze der Länder über die Unterbringung psychisch Kranker "zwangsinterniert" (Bossong 1991a:74-78) werden.[4] Ein solcher Vorschlag kann zwar im weitesten Sinne unter dem Stichwort Entkriminalisierung behandelt werden, ist aber nicht als ein Vorschlag im Rahmen einer Freigabe illegaler Drogen zu verstehen.[5] Darüberhinaus ist die von Katholnigg so bezeichnete Entkriminalisierung lediglich eine Verschiebung des Problems in ein anderes Gesetz, welches die Freiheit der Konsumenten noch leichter und weitergehender einzuschränken vermag als das Betäubungsmittel-Strafrecht. Man kann auch sagen, daß Katholnigg den Entkriminalisierungsbegriff instrumentalisiert, um eine neue und wahrscheinlich weiterreichen-

---

[4] "Eine derartige Unterbringungsregelung darf nicht auf Betäubungsmittelabhängige beschränkt werden, sondern muß auch *Betäubungsmittelkonsumenten erfassen*, deren Abhängigkeit nicht feststeht. Dies ist schon aus systematischen Gründen geboten, weil sonst der nicht abhängige Konsument im Gegensatz zum Abhängigen einer Strafverfolgung ausgesetzt wäre. Wichtiger ist der inhaltliche Grund: Durch die Unterbringung soll verhindert werden, daß aus dem Konsum ein Abhängiger wird. Die gilt auch für Konsumenten von Betäubungsmitteln, die nicht ohne weiteres abhängig machen, weil auch solche Betäubungsmittel nicht selten als Einstiegsdrogen später zum Konsum abhängigmachender Betäubungsmittel führen. Nur bei Einbeziehung auch dieser Konsumenten kann eine wirksame Eindämmung der Nachfrage gelingen." (Katholnigg 1990:198)

[5] Ähnliches gilt auch für den Vorschlag von Bühringer (1990). Dieser Autor (1990:26) schlägt vor, "Rechtsverletzungen von Abhängigen mit Auflagen zum Besuch einer ambulanten oder stationären Therapie zu sanktionieren, um ihnen möglichst häufig oder frühzeitig den Kontakt mit einem alternativen Lebenskonzept zum Drogenkonsum vertraut zu machen." Bühringers Vorschlag ist insofern nicht Entkriminalisierung im eigentlichen Sinne, sondern bezeichnet eher den Austausch von Sanktionsformen, zumal er nicht angibt, auf welcher gesetzlichen Grundlage er seine Vorschläge umsetzen will. Sein Vorschlag läuft darauf hinaus, daß man nicht mehr mit Freiheitsentzug, sondern vielmehr mit Therapieaufenthalt bestrafen würde.

de Entmündigung und Freiheitsentziehung von Drogenkonsumenten zu installieren. Dies ist nur ein Beispiel dafür, daß die Begriffe (der Entkriminalisierung, Legalisierung und Freigabe) an sich wenig aussagen. Man muß daher die jeweiligen Vorhaben beschreibend darstellen, um zu verstehen, was die jeweiligen Ziele der verschiedenen Vorschläge sind.

Im Prinzip lassen sich m.E. drei wesentliche Ansätze erkennen, die sich einerseits in ihrem jeweiligen Ziel bzw. im Grad ihrer beabsichtigten Freigabe voneinander unterscheiden und die andererseits alle Freigabe-Vorschläge berücksichtigen. Der Grad der beabsichtigten Freigabe bestimmt die Reihenfolge der hier vorgenommenen Erörterung. Zunächst wird es um den Vorschlag gehen, *Originaldrogen*[6] an (Schwerst-) Abhängige zu verschreiben. Henning Voscherau ist der prominenteste, aber keineswegs der einzige Befürworter dieses Vorschlages (z.B. Schmoke 1990). Sodann wird der Vorschlag der Einrichtung von Konsumläden, in denen Drogen ärztlich verabreicht werden sollen, kritisch betrachtet werden. Im Anschluß daran wird es im dritten Kapitel um die radikalsten Forderungen in der Freigabe-Debatte gehen: um Vorschläge zur Legalisierung illegaler Drogen.

---

[6] Der Begriff *Originaldrogen* bezeichnet Substanzen, die nicht Substitutionsdrogen sind, d.h. statt einer Substitution von Heroinabhängigen mit Methadon (L-Polamidon) wird ihnen die Originaldroge, also Heroin (ggf. auch Morphin), verschrieben.

1. Verschreibung illegaler Drogen an Abhängige

Die Verschreibung von Originaldrogen an ("Schwerst"-) Abhängige ist wohl der häufigste und - von der politischen Umsetzbarkeit her - aktuellste Vorschlag in der Freigabe-Debatte. Zum einen deshalb, weil er auch von einigen Politikern protegiert wird, zum anderen, weil mit solcherlei Unternehmungen bereits in einigen europäischen Ländern experimentiert wurde und experimentiert wird. Das älteste und wohl bekannteste Verschreibungs-Modell ist das sog. British System, d.h. der englische Umgang mit Drogenabhängigkeit. Ein anderes, gerade in letzter Zeit wieder in die Diskussion um die Freigabe illegaler Drogen eingeführtes Modell (vgl.z.B. Daansen/Derks o.J.; Noller 1990; Mino 1990) ist das Morphin-Experiment in Amsterdam. Bevor auf den Vorschlag von Voscherau (1990) eingegangen wird, müssen diese beiden Modelle kurz erörtert werden.

1.1. Das Britische System

In Großbritannien hat man Drogenabhängigkeit stets eher als Gesundheits- denn als Strafrechts-Problem betrachtet. Wahrscheinlich auf Grund dieses definitorischen Unterschieds (z.B. zur Bundesrepublik Deutschland) hat es hier nie eine Total-Prohibition gegeben. Heroin, Morphin, aber auch bsp. Kokain (also die bei uns häufig als *harte Drogen* bezeichneten Substanzen) waren in Großbritannien nie grundsätzlich verboten. Jeder Arzt hatte (und hat) das Recht, z.B. Heroin und Morphin an Schmerzpatienten zu verschreiben und so ist es bis heute stets möglich gewesen, diese Substanzen - als vom Arzt verschriebene - legal zu besitzen (vgl.

Fazey 1989:195).
Vor dem Ende der 60er Jahre war es normal, i.v. Heroin, Morphin und auch Kokain an Drogenaghängige zu verschreiben. Dann, mit dem Erlaß des *Dangerous Drugs Act* von 1967, ging man bei der Behandlung von Drogenabhängigen zunehmend zur Verschreibung von Methadon über. Die Verschreibungs-Berechtigung wurde auf einige wenige sog. Drogenkliniken beschränkt. Die Kliniken begannen zudem, die Zahl der Maintenance-Behandlungen zugunsten abstinenzorientierter Behandlungen zu reduzieren[7]. Trotzdem ist auch heute die Verschreibung von Heroin etc. noch erlaubt und wird auch wieder zunehmend (zumindest von Drogenkliniken in einigen britischen Gesundheitsbezirken[8]) praktiziert. Auch einige Hausärzte verschreiben weiterhin i.v. Heroin an Opiatabhängige, obwohl sie eigentlich nur noch zur Verschreibung an Schmerzpatienten berechtigt sind. Fazey (1989:197) spricht daher davon, daß es seit einiger Zeit quasi zwei Britische Systeme gebe, einerseits das offizielle der Drogenkliniken, andererseits das inoffizielle der immer noch verschreibenden niedergelassenen Ärzte.
Die englischen Autoren sind sich einig, daß das Britische System da, wo es existiert, mit einigem Erfolg arbeitet[9]: Einsperrungen,

---

[7] "Die Verschreibung von oral einzunehmendem Methadon nahm um 68 Prozent zu. Ab 1969 ging die Zahl der Abhängigen, denen Heroin verschriebenen wurde, beständig zurück (...) allein zwischen 1971 und 1978 um 40 Prozent." (Noller 1990:46)

[8] Die Tatsache, daß nicht alle Gesundheitsbezirke Drogenkliniken aufweisen, in denen Heroin verschrieben wird, führt zu einer gewissen regionalen Ungleichbehandlung, da die Drogenabhängigen immer nur solche Kliniken aufsuchen können, die in ihrem Gesundheitsbezirk angesiedelt sind (vgl. Fazey 1989:197).

[9] vgl. Fazey 1989:197f. sowie Parry 1990:173ff.; ebenso auch Susan Ruben auf dem 4. Internationalen Kolloquium der Wissenschaftlichen Einheit Kriminalpolitikforschung: "Legalisierung von Heroin - Die neue Debatte" in Bremen am 3.Mai 1991;

Gerichtsverfahren und Beschaffungskriminalität reduzieren sich erheblich und damit die Kosten der Strafverfolgung sowie der volkswirtschaftliche Schaden durch Beschaffungsdelikte[10]. Die Kosten der Behandlung sind mit $ 1600 pro Patient und Jahr relativ gering.

Als wichtigstes Ergebnis vermerkt Fazey (1989:198) die niedrige HIV-Rate. Das *Mersey Regional Health Authority*, einer von zwölf Gesundheitsbezirken in England und Wales, umfasse zwei Millionen Einwohner und habe das größte Drogenproblem in Großbritannien, gleichzeitig aber die kleinste HIV-Rate.

Ohne hier weiter auf das Britische System einzugehen[11], läßt sich doch zusammenfassend feststellen, daß dieses System den Behandelten zu einer gewissen gesundheitlichen und sozialen Stabilisierung verhilft. Obwohl man mit Fazey (1989:198) einschränkend sagen muß:

"Wir können das Drogen-Problem nicht lösen. Wir täuschen nicht vor, daß wir dies können. Das Britische System funktioniert nur so weit, als es das Problem besser in Schach hält, als alle anderen, die bisher ausprobiert worden sind. Es minimiert das Leid für das Individuum und für die Gesellschaft - das Problem

---

etwas skeptischer die deutschsprachigen Autoren Herger/Prins 1990:11f.

[10] "Die Kriminalität, die zwischen 1979 und 1986 um 109 Prozent anstieg (...) geht zurück. Apothekeneinbrüche, so versichert Dr.Russel Newcombe, Leiter der Drogen- und HIV- Begleitforschung, wie sie noch vor 5 Jahren üblich waren, gibt es in Halton und Warrington praktisch nicht mehr. Aufgrund des spürbaren Rückgangs an Ladendiebstahlsfällen konnte im letzten Jahr ein großes Kaufhaus als Sponsor für die '1.International Conference on the Reduction of Drug Related Harm' in Liverpool gewonnen werden." (Noller 1990:65)

[11] Vgl. weiterführend ausführlich: Kappel 1980; Quensel 1982:261ff.; Fazey 1989; Newcombe 1989; Parry 1990; Herger/Prins 1990; Noller 1990:41-66 m.w.V.

an sich rottet es nicht aus." (O.Z.4)

1.2. Das Amsterdamer Morphium-Experiment

In den Niederlanden gibt es keine Tradition der Drogenverschreibung, wie wir sie für Großbritannien kennengelernt haben. Trotzdem ist dieses Land bekannt für seine liberale Drogenpolitik: Cannabis z.B. kann in sog. Coffee-Shops quasi-legal erworben werden; auf der Konsumentenebene hat man die Repression schon seit einigen Jahren erheblich reduziert; bei der Vergabe von Methadon übernahmen die Niederlande eine Vorreiterrolle in Europa. Nur wenige sind sich allerdings der Tatsache bewußt, daß es auch in Holland einen Strafrahmen für Drogendelikte von bis zu zwölf Jahren Freiheitsentzug gibt. Zudem wird der progressive Vorsprung der Niederlande in der Drogenpolitik gegenüber der Bundesrepublik zunehmend geringer, da auch dort die repressive Drogenpolitik (wieder) verschärft wird (vgl. Rüter 1988 sowie Trautmann 1989:131ff.).

Zu Beginn der 80er Jahre entschloß sich der holländische Arzt Havas, Heroin zu verabreichen. Da er diese Substanz von den Apotheken nicht erhielt, verschrieb er im folgenden Morphin an fünf Drogenabhängige. Als schließlich immer mehr Abhängige in seine Praxis drängten, sah sich Havas gezwungen, seine Verschreibungen einzustellen und das Gesundheitsamt um Übernahme und (eventuelle) Ausweitung des Experiments zu bitten. Dies veranlaßte die Stadt Amsterdam zu ihrem sog. Morphiumexperiment, welches dann zwischen Oktober 1983 und Mai 1987 durchgeführt wurde (vgl. Derks/Daansen 1986; Daansen/Derks o.J.; Noller 1990:67-76).

Das Ziel des eingerichteten Experiments bestand in der medizinischen und sozialen Verbesserung der Lebensumstände von Abhängigen. Die Bekämpfung des Drogen-Schwarzmarktes war ausdrücklich nicht Ziel der Behandlung; ebenso verzichtete man auf das Behandlungsziel der Abstinenz. Zwar wollte man auf den Lebensstil der Programm-Teilnehmer Einfluß nehmen, aber dieser Einfluß hatte eher Angebots- denn Zwangscharakter. Daansen/ Derks (o.J.:42f.) konkretisieren die Ziele der Morphium-Verschreibung in Amsterdam folgendermaßen:

"- Eine adäquate medizinische Behandlung der sogenannten extrem-problematischen Süchtigen soll durch das Verabreichen von Methadon und Mophium erreicht werden.
- Der Lebensstil der Süchtigen soll durch Hilfsangebote geändert werden.
- Es soll aufgezeigt werden, daß die bei der Zielgruppe auftretenden somatischen und psychiatrischen Symptome behandelbar sind.
- Es soll vermieden werden, daß die Betroffenen sich selber noch mehr Schaden zufügen.
- Die Abhängigkeit des Individuums vom allgemeinen Suchtverhalten in der Gruppe soll durchbrochen werden.
- Das individuelle Suchtverhalten soll reguliert werden.
- Der Süchtige soll aktiviert werden.
- Die progressive Selbstverwahrlosung soll aufgehalten werden.
- Die Selbstständigkeit soll vergrößert werden."

Diese Liste bedeutet gleichzeitig, daß nur chronisch Abhängige oder, wie Derks/Daansen (1986:43) es nennen, "extrem-problematische Drogenabhängige" die Zielgruppe des Experiments bildeten. Man wollte gewissermaßen die schwersten Fälle von der Szene holen und ihnen eine gesundheitliche und soziale Rehabilitation ermöglichen. Zwar konnten sich alle holländischen Drogen-

abhängigen für das Experiment bewerben, übrig blieben bzw. aufgenommen wurden aber, so Derks/Daansen (1986:47), nur jene "extrem-problematischen" Personen, denen durch die traditionelle Drogentherapie, die auf Entzug ausgerichtet gewesen sei, nicht hätte geholfen werden können. Auf Grund der Hochschwelligkeit des Programms konnten nicht alle (nämlich lediglich 37) der 60 zur Verfügung gestellten Plätze besetzt werden[12].
Erfolg, im Sinne der o.g. Behandlungsziele, konnte das Experiment bei zwei Dritteln der Teilnehmer erzielen. Nach Noller (1990:73) blieb es nur bei einem Fünftel erfolglos. Über die psychosozialen und sozialen Resultate, die das Programm erzielte, heißt es:
"Die besten Resultate wurden in Bezug auf Unterbringung, Einkommens-Verwaltung, soziale Beziehungen und Beschaffungskriminalität erzielt. Geringere Effekte können im Hinblick auf die täglichen Aktivitäten berichtet werden. Viele Klienten verbrachten mehr Zeit zuhause, aber es war sehr schwer, sie zu irgendetwas zu motivieren. Die meiste Zeit waren sie ziemlich passiv; schauten fern (...) Zusammenfassend kann man sagen: je konkreter das Problem ist, desto besser sind die Resultate aktiver Interventionen von Seiten der Betreuer." (O.Z.5)[13]
Vor allem das Ausbleiben von organisatorischen Problemen wird

---

[12] "Möglicherweise allerdings ist der beschränkte Zulauf zu dem Programm darauf zurückzuführen, daß zu seinem Beginn 1983 in Amsterdam über die regulierte Verabreichung von Heroin an 300 Süchtige diskutiert wurde (...) Die Regierung in Den Haag lehnte diesen Vorschlag jedoch ab. Nicht wissenschaftliche Erkenntnisse, sondern internationale Reaktionen und vor allem politischer Druck aus der Bundesrepublik waren es wohl, die dieses Experiment verhinderten." (Noller 1990:72)

[13] Derks, Jack (1990): Het Amsterdamse Morfine-verstrekkingsprogramma. Een longitudinaal onderzoek extreem problematische druggebuikers, nederlands centrum Geestelijke volksgezondheid NcGv-reeks 90-3, Utrecht, zitiert bei Noller (1990:74)

stets betont. Die Öffnungszeiten wurden gut eingehalten und es gab keinerlei Streitigkeiten über Dosierungen oder über das Verbot, dem Patienten mehrere Tagesrationen Morphium mitzugeben (vgl. Daansen/Derks o.J.:18).
Trotz dieser zum großen Teil recht zufriedenstellenden Ergebnisse, endeten alle parallel und im Anschluß geführten Überlegungen zur Abgabe von Mophium und/oder Heroin mit einem kategorischen "Nein" der Haager Regierung.

1.3. Der Voscherau-Vorschlag

Im Unterschied zu den vorangegangenen Ansätzen ist der Vorschlag von Henning Voscherau noch nicht in eine Planungs- oder Umsetzungsphase eingetreten. Insofern muß man sich an dem vorläufig Beabsichtigten orientieren.
So wird bisher die Zielgruppe der "Schwerst-Abhängigen" eines einzurichtenden Heroin- oder Morphin-Programms etwa folgendermaßen umschrieben: Es sollen Personen aufgenommen werden, die anders, d.h. durch stationäre, ambulante und Methadon-Therapie nicht erreicht worden sind und auch in Zukunft nicht erreicht werden können. Die Heroin-Vergabe soll erfolgen "an bestimmte Personen, für bestimmte Zeiträume und unter ganz bestimmten Bedingungen" (Voscherau 1990:5). Ende März 1992 konkretisierte der Hamburger Senat diese Umschreibung der potentiellen Teilnehmer an einem Morphin-/Heroin-Programm folgendermaßen: Das Programm ist gedacht für langjährig Opiatabhängige, die
"- sich gewohnheitsmäßig und vorzugsweise intravenös Heroin injizieren,
- bei denen eine andere Behandlungsform - namentlich die

Abstinenzbehandlung oder die Methadon/L-Polamidon-Substitution
- gegenwärtig nicht in Betracht kommt,
- bei denen der Prozeß fortschreitender gesundheitlicher und sozialer Verelendung anders nicht aufzuhalten ist,
- und die seit einer längeren Zeit bereits in Hamburg ihren gewöhnlichen Aufenthalt haben." (Bürgerschaft 1992:12f.)
Das Programm soll organisiert sein als "medizinisch streng kontrollierte, staatliche Abgabe von Heroin" (Voscherau 1990:4). Weitere Konkretionen der Organisationsstruktur des Programms existieren zur Zeit noch nicht.[14]
Ausformuliert sind dagegen die Ziele, die man mit einem solchen Programm verfolgt. Therapie und Hilfe, so Voscherau (a.a.O.), sollen Vorrang haben vor Repression und Strafverfolgung. Man hofft, den Teufelskreis von Sucht, Beschaffungsdruck und Kriminalität sowie den "kriminellen Marktmechanismus des Drogenkartells mit seinen unvorstellbaren Gewinnspannen" zu durchbrechen. Es sei ein Irrglaube, durch Aufrüstung gegenüber den Abhängigen das Problem der Drogensucht und im übrigen auch das des Handels lösen zu können. Stattdessen müsse man, parallel zur erweiterten Hilfe für die Abhängigen, die polizeilichen Kräfte verstärken, bündeln und diese auf die schwere organisierte Drogenkriminalität konzentrieren. Beherzige man diese Vorschläge und koppele man sie mit der Einführung der Vermögensstrafe für Drogenhändler (die Einziehung des Vermögens zur Sicherstellung sollte bereits im Ermittlungsverfahren möglich sein), mit einer erheblichen Einschränkung des Steuergeheimnisses sowie mit der Verankerung einer Auskunftspflicht für die Banken, so könne man eine erhebliche zusätzliche Steigerung

---

[14] Zu den neueren Gesetzesinitiativen des Hamburger Senats im Bundesrat vgl. Bürgerschaft 1992:17-20

der polizeilichen Effektivität erreichen. Zudem müsse ein erweitertes Opportunitätsprinzip im Bereich kleiner Drogenmengen installiert sowie eine Streichung der Ultima-Ratio-Klausel[15] erreicht werden, um den Zugang der Abhängigen zu einer Substitutionsbehandlung zu erleichtern (a.a.O.:4ff.).

Zur Umsetzung dieser Ziele im Bereich der Hilfe für Drogenabhängige sei es wichtig, daß Drogensucht grundsätzlich als Krankheit betrachtet werde. Erst vor diesem Hintergrund sei dann eine Entkriminalisierung der Abhängigen und eine wirkliche Erleichterung des Zugangs zu Therapien möglich (a.a.O.:6).

Betrachtet man diese letztgenannten Ziele und Intentionen, so läßt sich eine große inhaltliche Nähe zu den beiden oben dargestellten Konzepten bzw. Modellen feststellen. Auch bei dem Vorschlag von Voscherau liegt die Betonung auf der Medizinalisierung des Drogenproblems. Anders als in Großbritannien und Holland ist in der Bundesrepublik die Anerkennung von Drogenabhängigkeit als Krankheit allerdings noch nicht so vollständig implementiert, weshalb Voscherau diesen Aspekt wohl auch besonders hervorhebt. Ebenfalls anders als in England und den Niederlanden wird in der bundesrepublikanischen Diskussion die Erweiterung von Hilfsangeboten mit der mutmaßlich besseren Effizienz in Bezug auf die "Zerschlagung der Rauschgift-Mafia" gekoppelt. Die Holländer z.B. haben diese Koppelung ausdrücklich abgelehnt. In der englischen Literatur findet sich kein Verweis auf die Absicht, den Drogenmarkt zu zerschlagen. Das ist der gravierendste Unterschied zwischen dem Voscherauschen Vorschlag und den beiden anderen Modellen.

---

[15] Gemeint ist hiermit der 13(1) BtmG, nach dem eine Substitutionsbehandlung erst dann erlaubt ist, wenn alle anderen Therapieversuche bzw. Behandlungsmethoden erfolglos geblieben sind.

Wagt man allerdings eine Prognose in Bezug auf die Organisation eines deutschen bzw. hamburgischen Heroin-/Morphin-Programms, so würde wohl ein solches Programm planerisch ähnlich organisiert sein, wie seine ausdrücklichen Vorbilder in Amsterdam und Liverpool.

Inwieweit *die Verschreibung von Originaldrogen* zu einer Entspannung des sog. Drogenproblems beitragen kann und ob die hochgesteckten hamburgischen Erwartungen und Ziele sich erfüllen könnten, soll in dem folgenden Resümee überlegt werden.

1.4. Resümee

Nimmt man die Ergebnisse der oben dargestellten Modelle und Überlegungen ernst, so läßt sich eines relativ sicher aussagen: Heroin-/Morphin-Programme tragen zur gesundheitlichen und sozialen Stabilisierung und Integration der ins Programm aufgenommenen Drogenabhängigen bei. Durch den kontinuierlichen Kontakt zu Ärzten und sonstigem Personal lassen sich Krankheiten früher erkennen und behandeln. Durch eine Ausgabe von sterilen Injektionsgeräten oder durch die Abgabe von Drogen, die auf andere Weise als intravenös appliziert werden können, lassen sich viele fixer-typische Erkrankungen (wie etwa Infektionserkrankungen, Venenentzündungen, Abszesse etc.) bereits im Ansatz weitgehend verhindern. Gerade im Bezug auf HIV-Infektionen dürften solche Programme gute präventive Erfolge aufweisen. Aufgrund der Verschreibung von Substanzen in guter und kontrollierter Qualität werden Überdosierungen unwahrscheinlich, die Abhängigen sind nicht länger auf die weit überteuerten Schwarzmarkt-Opiate angewiesen und damit nicht mehr zu Beschaffungsdelikten genötigt. Faktisch hat also ein solches

Programm für die Teilnehmer eine gewisse entkriminalisierende Wirkung insofern, als sie nicht mehr zu (Beschaffungs-) Kriminalität genötigt sind[16]. Diese Entlastung vom Beschaffungsdruck und von der damit zusammenhängenden (Straf-) Verfolgung kann Raum geben für Aktivitäten in Bereichen wie (Aus-) Bildung, Freizeit, Familie etc. Auch eine soziale Stabilisierung und Integration ist also zweifellos erreichbar. Dies vor allem auch dadurch, daß solche Programme in der Regel ambulant organisiert sind, d.h. die Teilnehmer werden nicht aus ihren Lebenszusammenhängen herausgerissen, sondern bleiben in gesellschaftliche Prozesse und Verpflichtungen integriert. Hospitalisierungs-Gefahren o.ä., wie sie etwa in stationären Langzeittherapien oder im Straf- und Maßregelvollzug vorhanden sind, bestehen bei solcherlei Programmen nicht. Gleichzeitig stellen sie, da sie ja keine Abstinenztherapien sind, eine Erweiterung der Hilfsangebots-Palette dar, die sich in der Bundesrepublik heute (noch) nahezu ausschließlich auf *drogenfreie* Hilfe und Therapie beschränkt.

Alle diese positiven Wirkungen können von Heroin-/Morphin-Programme ausgehen. Ihre Problematik beginnt allerdings bei der Selektion der Programm-Teilnehmer, denn die oben beschriebene Effizienz gilt lediglich für die ausgewählte Personengruppe. Die übrigen Konsumentengruppen, diejenigen, die nicht "Schwerst-Abhängige" sind, die "normalen Abhängigen", die Neueinsteiger, die gelegentlichen und kontrollierten nicht-abhängigen Konsumenten sind weiterhin der Illegalität mit allen ihren Folgen ausgesetzt.

Insofern wird ein Zwei-Klassen-System der Konsumenten ge-

---

[16] Zu diesem Entkriminalisierungsbegriff vgl. Brusten 1988a:191 sowie 1988b:433; Schmidt-Semisch 1990a:78f.

schaffen: Die einen, die die Droge legal beziehen können - paradoxerweise erst dann, wenn sie "Schwerst-Abhängige" geworden sind, was eigentlich ja verhindert werden soll. Die anderen, die gelernt haben, mit der Droge umzugehen (gelegentliche bzw. kontrollierte Gebraucher[17]), diejenigen, die *noch* nicht abhängig sind (Neueinsteiger) sowie solche Konsumenten und Abhängigen, die die staatliche Öffentlichkeit, Kontrolle und Registrierung ihrer Abhängigkeit scheuen oder ablehnen, müssen die Droge illegal beziehen. Alle diese Personen werden von derlei Heroin-/Morphin-Programmen nicht erfaßt (vgl. Schmidt-Semisch 1990b:122).

Ein weiteres Problem bei Heroin-/Mophin-Programmen ist es, daß lediglich Opiatabhängige erfaßt werden. Die Konsumenten aller anderen illegalen Substanzen (Kokain, Crack, Cannabis, Halluzinogene, Designer-Drogen etc.) bleiben von solchen Angeboten ausgeschlossen und weiterhin auf die illegale Beschaffung mit allen ihren Gefahren angewiesen. Neben der Ungleichbehandlung von Drogenkonsumenten, die hierdurch produziert wird, bedeutet dies, daß man mit Programmen dieser Art stets die wenigsten Konsumenten illegaler Drogen erreicht.

Behält man bei dem Vorschlag von Voscherau zudem noch im Blick, daß er seinem Heroin-/Morphin-Programm eine verschärfte Verfolgung des Handels ankoppelt, so ist zu befürchten, daß die vom Programm nicht-erfaßten Konsumenten den Preis dieser Verschärfung zu tragen hätten. Denn die Händler geben das Risiko ihres Handels u.a. in Form von *Risikoprämien* (Hartwig/ Pies o.J.:9) an die Konsumenten weiter. Damit steigt der Preis der

---

[17] vgl. zum kontrollierten Konsum ausführlich: Zinberg u.a. 1978; Zinberg 1979; Harding u.a. 1980; Harding 1982; Zinberg 1983; Marzahn 1983; Bülow 1989a sowie 1989b; Schmidt-Semisch 1990a sowie 1990b

Substanzen, der Druck zur illegalen Beschaffung von ausreichenden finanziellen Mitteln auf die Konsumenten nimmt zu und damit möglicherweise auch die Beschaffungskriminalität. Zudem arbeiten sich die Rauschgiftfahnder bei der Verfolgung von sog. Groß-Dealern stets von unten nach oben in der Händler-Hierarchie vor. D.h. auch bei einer Konzentration der polizeilichen Tätigkeiten auf den Groß-Handel begännen die Ermittlungen doch stets immer wieder auf der Szene, also beim Konsumenten, und der soll ja eigentlich entkriminalisiert bzw. vom Verfolgungs- und Beschaffungsdruck entlastet werden (Voscherau 1990:6).

Zusammenfassend kann man sagen, daß alle drei Heroin-/Morphin-Programm-Modelle zwar ihren jeweiligen Teilnehmern soziale und gesundheitliche Verbesserungen einbringen, alle anderen Drogenkonsumenten aber an diesen Verbesserungen nicht partizipieren lassen. Zum einen erfassen solche Programme nur einen verschwindend kleinen Teil der Opiatabhängigen, nämlich die "Schwerst-Abhängigen", zum anderen eröffnen sie kein Angebot für Konsumenten anderer illegaler Drogen. Die geplante Verschärfung der Verfolgung im Händlerbereich hat eher negative Folgen für die nicht ins Programm aufgenommenen Konsumenten. Darüberhinaus ist es zweifelhaft, ob die von Voscherau prognostizierten Erfolge gegen die "Rauschgift-Mafia" (Voscherau im SPIEGEL vom 8.10.1990) eintreten. Eher werden sich die Drogen verteuern und die Profite der Händler vergrößern, denn Repression verbessert das Geschäft. Scheerer (1986b:211) analysierte diesen Zusammenhang bereits für die 70er Jahre folgendermaßen: "So erkärt es sich denn auch, daß die Bundesrepublik (nicht trotz, sondern in gewisser Weise wegen ihrer verschärften Drogenpolitik) Amsterdam in der Mitte der 70er Jahre den Rang als Drehscheibe des internationalen Drogenhandels ablaufen konnte."
Opiatverschreibung, noch dazu gekoppelt mit einer Verschärfung

im Händlerbereich, trägt also nur sehr wenig zur Verbesserung der Lage bei. Ob weitergehende Vorschläge eine günstigere Perspektive eröffnen, wird zu überlegen sein.

2. Verabreichung illegaler Drogen in Konsumläden

In der Schweiz wird zur Zeit ein Konzept für ein Heroin- oder Morphin-Versuchsprogramm entwickelt (vgl. z.B. Frehner 1990a:6). Parallel dazu hat der Züricher Arzt André Seidenberg begonnen, ein Konzept zu erarbeiten, welches er *Diversifizierte Drogenverschreibung & Drogenabgabe (DDD)* nennt. Dieses Konzept geht weit über die oben dargestellten hinaus.

Ausgangspunkt für Seidenberg ist zunächst die Erkenntnis, daß es eine *drogenfreie Gesellschaft* nicht geben kann und:

"Die Drogenkonsumenten sollen nicht den Preis für solche illusionären Wünsche zahlen müssen. Wir müssen Konsumformen anbieten, welche wenig gefährlich sind (...) Die problematischen Formen des Konsums werden durch die Illegalität erzeugt, für den einzelnen wie für die ganze Gesellschaft." (Seidenberg 1990:1f.)

Die körperlichen Gefahren seien zum einen durch die Art der Substanz bestimmt, zum anderen aber vor allem durch die Art und Weise sowie durch die Bedingungen der Drogeneinnahme. Im Gegensatz zu den legalen Drogen Alkohol und Nikotin, bei denen die Substanz an sich bereits zu physischen Schädigungen führe, würden bei illegalen Drogen und vor allem bei Opiaten die körperlichen Gefahren ausschließlich durch die Konsumform bestimmt, während die Substanzen an sich relativ unproblematisch seien. In der Illegalität mit ihren hohen Drogenpreisen sei einleuchtenderweise die sparsamste Applikationsform die bevorzugte. Darum würde Heroin z.B. in der Regel, eben weil es sparsamer sei, gespritzt, auch wenn das Rauchen der Substanz weitaus unproblematischer und ungefährlicher sei. Beim illegalen Spritzen wachse die Gefahr außerdem durch die Unreinheit des Stoffes, unsterile Injektionsgeräte sowie eine oft grundsätzlich

schlechte Injektionstechnik; "eitrige Infektionen und Ansteckung mit Gelbsucht- und HIV-Viren sind Folgen der Illegalität" (a.a.O.:2). Die gefährlichen Konsumformen nähmen mit steigender Repression zu.
Alles in allem, so Seidenberg, sei die Repression im Drogenbereich schädlich. Er weist zudem darauf hin, daß der Ausstieg aus abhängigem Drogenkonsum innerhalb institutionalisierter Hilfeeinrichtungen womöglich seltener sei als außerhalb[18]. Zudem entbehre die sog. Leidensdrucktheorie ("Krankheit, Verelendung und gesellschaftliche Stigmatisierung als therapeutisch hilfreiche Ausstiegsmotivationen" (a.a.O.)) ethischer, rechtlicher und wissenschaftlicher Grundlagen. Abschließend verweist Seidenberg (a.a.O.:3) auf eine Botschaft des Schweizerischen Bundesrates von 1951 zum Betäubungsmittelgesetz, in der es heißt:
"Im Gegensatz zu gewissen Versuchen, den Betäubungsmittelsüchtigen durch scharfe Bestrafung abzuschrecken, erscheint es richtiger, die Sucht nicht als Vergehen oder gar als Verbrechen, sondern als Krankheit zu betrachten. Die hörige Person ist demgemäß der ärztlichen Behandlung zuzuführen." (Schweizerisches Bundesblatt 1951:849)
Seidenberg betont, daß die Schweiz eine legalistische Gesellschaft sei und daß Veränderungen dementsprechend nur innerhalb der geltenden Gesetze möglich wären. Deshalb konzipiert er seinen Vorschlag innerhalb der Grenzen, die mit den Schweizerischen Gesetzen bestimmt sind.
Sein Konzept setzt voraus, daß die o.g. Bundesrats-Botschaft

---

[18] Dies wird auch von anderen Autoren bestätigt; vgl.z.B. Berger/Reuband/-Widlizek 1980:127; Gekeler 1982:150-155; Quensel 1982:155; Projektgruppe TUdrop 1984:401; Grimm 1985:20; Quensel 1985:122; Schmidt-Semisch 1990a:54f.; Frehner 1990b

Bestand hat. Dementsprechend kann er sagen, daß die Gestaltung des Drogenkonsums in die Hand von Ärzten gehöre. Diese würden dann die *Diversifizierte Opiat- bzw. Drogenabgabe* praktizieren. Die Abgabe soll in sog. Konsumläden stattfinden, die m.E. als verallgemeinerte *Fixerstüblis* betrachtet werden können. Dies in zweierlei Hinsicht:
Erstens will Seidenberg[19] fast allen Konsumenten den Zugang zu Drogen ermöglichen, also sowohl Abhängigen als auch bereits substituierten Patienten in Methadonprogrammen sowie gelegentlichen Gebrauchern. Eventuelle Ablehnungen einer Vergabe sollen sich hauptsächlich, Seidenberg führt dies leider nicht detailliert aus, an körperlichen Erfordernissen und praktischen Erwägungen des Betriebs orientieren. Ein weiteres Indikationskriterium könne der Wohnsitznachweis sein, da man keine Sogwirkung intendiere. Zweitens beabsichtigt Seidenberg nicht nur, Opiate auszugeben, sondern auch Kokain und möglicherweise andere illegale Drogen. Diese Substanzen sollen, um möglichst alle Konsumbedürfnisse zu befriedigen, in allen Einnahmeformen angeboten werden, d.h. spritzbar, rauchbar (also z.B. Heroin- und Kokain-Zigaretten), schnupfbar und schluckbar (z.B. Heroin-Sirup oder Opiat-Tabletten). Jede Droge, so Seidenberg, könne in jeder Applikationsform angeboten werden.
Die verabreichten Drogen sollen an Ort und Stelle sowie unter ärztlicher Sichtkontrolle konsumiert werden (Seidenberg 1990:4). Vor der Abgabe würden die "Patienten" über die verabreichten

---

[19] Hierbei beziehe ich mich auf Seidenbergs Ausführungen auf dem 4.Internationalen Kolloquium der wissenschaftlichen Einheit Kriminalpolitikforschung "Legalisierung - Die neue Debatte" am 3.Mai in der Universität Bremen. Dieser Vortrag stellte eine Weiterentwicklung von Seidenbergs *Diversifizierter Opiatabgabe* (vgl. Seidenberg 1989a, 1989b sowie 1990) dar, weshalb er in Bremen von *Diversifizierter Drogenvergabe* sprach.

Drogen sowie über Applikations- und speziell Injektionstechniken informiert; dann appliziere der Konsument "sich normalerweise die Droge selbst" (a.a.O.).

Über die Verbesserung der gesundheitlichen und sozialen Situation der Patienten hinaus, macht sich Seidenberg wenig Illusionen, was mit einem solchen Konzept zu erreichen wäre. So prognostiziert er, daß sein Konzept nicht zum vollständigen Verschwinden des illegalen Marktes führen werde. Auch für die sog. Neueinsteiger hat er, zugegebenermaßen, keine Lösung - im Sinne einer Versorgung mit Drogen - parat.

Viel entscheidender ist aber m.E. die Frage nach der Attraktivität einer solchen medizinalisierten und überwachten Drogenverabreichung. Der Einwand von Herger/Prins (1990:12), mit der medizinalisierten Abgabe gehe für die Konsumenten auch ein Stück Kultur und Identität verloren, ist wohl gerade für die nicht-abhängigen kontrollierten Gebraucher[20], aber nicht nur für sie, durchaus berechtigt. Das intime Gefühl, sich mit einer Gruppe von Gleichgesinnten in einem privaten Raum dem Genuß der Droge zu widmen, wie es nach Zinberg (1979:309) z.B. für alle kontrollierten Opiat-Konsumenten absolut notwendig ist, scheint im medizinalisierten und kontrollierten Rahmen des Konsumladens kaum gegeben. Die Tatsache, sich stets als *Patient* zu fühlen und als nicht eigenverantwortlich genug zu gelten, um die je bevorzugte Droge autonom und privat zu sich zu nehmen, dürfte die Attraktivität eines solchen Modells für abhängige und kontrollierte Gebraucher stark beeinträchtigen und zu einer von Seidenberg nicht intendierten Ausgrenzung zahlreicher Kon-

---

[20] Die vorhandene Literatur zum kulturellen Regelwerk der kontrollierten Gebraucher scheint derlei Befürchtungen auf jeden Fall zu bestätigen; vgl. hierzu ausführlich die angegebene Literatur in Anm.15

sumenten führen.

Die legalistische Perspektive Seidenbergs, sich an den bestehenden Gesetzen zu orientieren, ist somit zwar vor dem Hintergrund der politischen Umsetzung seines Konzepts sinnvoll, gleichzeitig wird aber dessen Attraktivität gerade dadurch erheblich reduziert. In Anbetracht der von Seidenberg zu Recht konstatierten relativen Ungefährlichkeit heute illegaler Drogen (im Vergleich zu den gegenwärtig legalen Substanzen), stellt sich die Frage, wieso jene Substanzen (die illegalen) unter ärztlicher Aufsicht eingenommen werden sollten und die anderen (die legalen) nicht. Denn Seidenberg stellt immerhin zu Recht fest, daß der Unterschied zwischen legal und illegal nicht in den Substanzen an sich, sondern vor allem in ihrer rechtlichen Bewertung und Definition zu suchen ist. Im Prinzip müßte man demnach eine (auch rechtliche) Gleichstellung der heute illegalen mit den heute legalen Substanzen anstreben, also eine Angleichung des Umgangs mit allen psychoaktiven Substanzen an die Handhabung von z.B. Alkohol und Nikotin. Denn wer fände es schon attraktiv, seine Flasche Bier oder Wein unter ärztlicher Kontrolle einzunehmen, also gewissermaßen in einer mit Ärzten und Krankenschwestern besetzten und mit Videokameras überwachten Trinkhalle? Eine solche Vorstellung erscheint uns paradox, hat doch der Alkohol in unserer Kultur Teil an der Bildung und Reproduktion von Identität und sozialer Intergration: das gesellige Glas Wein in vertrauter Runde, der heiße Grog nach dem Winterspaziergang, der Schnaps als Ritual der Begrüßung, der ein gutes Essen eröffnende Aperitif, das launige Sektfrühstück etc.

Solcherlei postive Funktionen und Assoziationen sind auch für die Konsumenten illegaler Drogen bedeutsam, gehen aber wohl mit der Verabreichung in überwachten Konsumläden verloren bzw. könnten gar nicht erst entstehen. Und was vielleicht noch schwerer wiegt: Der selbstbestimmte Konsum, die Gebrauchs-Regeln und -Rituale, eine Drogen-Kultur, die sich aus einem autonomen Konsum entwickeln könnte, wird so verhindert. Denn der Konsument bleibt der Patient, der Kranke; nur auf Grund dieser Definition wird er zur Drogen-Verabreichung zugelassen. Ein solches Konzept unterscheidet weiterhin die große Zahl der Drogenkonsumenten zu Unrecht in die Genießer (von legalen Substanzen) und die kranken Konsumenten (von illegalen Substanzen).

Diese rechtliche, deswegen aber keineswegs weniger willkürliche Differenzierung wird durch eine *Legalisierung illegaler Drogen* aufgehoben. Von der Diskussion über Legalisierung und der in ihr entwickelten Vorschläge handelt das folgende Kapitel.

3. Legalisierung illegaler Drogen

Von den Befürwortern einer Legalisierung illegaler Drogen werden sehr verschiedene Argumente in die Diskussion eingeführt. Das Spektrum erstreckt sich von ökonomischen über (verfassungs-) rechtliche und liberale bis hin zu kulturell-integrativen Argumentationen. Der Übersichtlichkeit halber soll versucht werden, diese unterschiedlichen und sich bei den einzelnen Autoren teilweise auch überschneidenden Argumentationslinien je getrennt darzustellen. Es wird begonnen mit einer vor allem in den Vereinigten Staaten populären Argumentation, nämlich der ökonomischen.

Die ökonomisch orientierte Argumentation setzt bei den durch die herrschende Drogenpolitik verursachten Kosten an. Zum einen sieht man die ökonomischen Mechanismen und Gesetzmäßigkeiten des illegalen Marktes und die dadurch für die Konsumenten entstehenden hohen Preise der Substanz. Zum anderen erkennt man die hierdurch produzierten Kosten für die Gesellschaft, die sich in der nationalen und internationalen Drogenbekämpfung, Strafverfolgung und Strafvollstreckung, aber auch im volkswirtschaftlichen Schaden, der durch die Beschaffungskriminalität entsteht, konkretisieren.

Man geht davon aus, daß Repression den illegalen Markt nie ganz zum Verschwinden bringen kann. Gleichzeitig löst aber diese Repression eine Verknappung des Angebots aus und führt so - ökonomisch folgerichtig - zu Preisanstieg und zur Vergrößerung der Gewinnspanne. Weil das verknappte Angebot auf eine preisunelastische Nachfrage der abhängigen Konsumenten trifft, können die Händler jeden beliebigen Preis verlangen[21]. Der Preis ist aber auch deswegen hoch, weil sich die Händler ihr eigenes Risiko, welches sie innerhalb der prohibitiven Strukturen eingehen, in Form von *Risikoprämien* (Hartwig/Pies o.J.:9f.) bezahlen lassen. Somit ist die staatlich-prohibitionistische Drogenpolitik der eigentliche Motor des Marktes. Je repressiver das drogenpolitische Klima, desto höher der Preis der Drogen, je höher der Preis der Drogen, desto größer der Gewinn der Vertreiber.

Diese Kontraproduktivität wird noch dadurch verstärkt, daß die Drogenbekämpfung - trotz immenser Geldaufwendungen - nicht zur Verhinderung von Drogenkonsum und Drogenhandel führt. Die gesamte Drogenpolitik wird daher als aller ökonomischen Vernunft zuwiderlaufend betrachtet.

"Die großen Geldmengen, die ausgegeben worden sind, um diesem Problem mit dem Strafrecht zu begegnen, haben weitaus mehr Kriminalität hervorgebracht als sie verhindert haben.

Die finanziellen Kosten sind kein unbedeutender Faktor. Eine grobe Schätzung der kombinierten Ausgaben für Verbot, Aufdeckung und Inhaftierung durch Bundes-, Landes- und Kommunal-Regierungen beträgt 50 Billionen Dollar jährlich, zu denen die Verluste durch Einbruch-Diebstähle und andere indirekte Effekte der Kriminalisierung noch hinzuzurechnen sind (...) Die effektivste und zugleich kostengünstigste Methode, mit gefährlichen Substanzen umzugehen, ist die ehrliche Diskussion ihrer

---

[21] vgl.z.B.Hartwig/Pies 1989 sowie o.J.; Pommerehne/Hartmann 1980; Pommerehne/Hart 1991; die angeführten Autoren liefern eine ökonomische Kritik der herrschenden Drogenpolitik. Allerdings stehen sie in ihren Veränderungsvorschlägen eher für Modelle, die dem Vorschlag von Voscherau nahestehen, d.h. für staatlich kontrollierte Abgabe von Drogen in programmähnlichen Angebotstrukturen. Sie werden deshalb hier erwähnt, weil sie quasi die einzigen deutschsprachigen Wissenschaftler sind, die ökonomisch für eine repressionsverminderte Drogenpolitik argumentieren.

positiven und negativen Aspekte, Kontrolle oder Verbot von Werbung sowie ihre grundsätzliche Handhabung in der Art und Weise, wie wir heute mit Alkohol und Tabak verfahren." (Hilgart 1990:317f.; O.Z.6)
Ganz allgemein stellt Rüter (1990:192) fest, daß die USA in Europa bekannt seien für ihre ökonomische und freiheitliche Grundeinstellung und fragt:
"Wie ist es möglich, daß ihr das Problem des Drogen-Mißbrauchs so ungeschäftsmäßig handhabt?" (O.Z.7)
Sein letztes Kapitel überschreibt Rüter dann auch mit der Überschrift: "A Black Friday for the Traffickers!" Dieser Schwarze Freitag ließe sich aber mit Verboten sowie repressiven und zudem noch kostspieligen Kontrollapparaten nicht erreichen, die Freigabe illegaler Drogen sei hier weitaus erfolgversprechender. Auch McBride/Shuler (1990:210f.) verbergen nicht ihre klammheimliche Freude darüber, daß mit einer Legalisierung den Drogenhändlern das Geschäft vermiest würde.
Nadelmann (1990:25) erklärt, daß selbst wenn die Verfolgungsbehörden eine Person aus den oberen Hierarchiebereichen der organisierten Händlerkreise dingfest machen könnten, doch immer gleich der Nachwuchs dahinter stehe - und das in doppeltem Sinne:
"Immer, wenn man Mr.Nummer Eins verhaftet, ist da Mr.Nummer Zwei, um in seine Fußstapfen zu treten. Und in der Tat ist es oft Mr. Nummer Zwei, von dem die Polizei die notwendigen Informationen erhält, um Nummer Eins zu verhaften."(O.Z.8)
Auch Salerno (1990:209) beschreibt dieses Nachwuchsphänomen. So spiele z.B. die Cosa Nostra heute keine große Rolle mehr im Drogengeschäft, aber dafür seien andere organisierte Gruppen ins Geschäft eingetreten, etwa Jamaikaner, Kolumbianer, Gangs aus Los Angeles u.a. "The names of the players have changed but the

game is exactly the same."
Die Prohibitions-Politik erscheint daher diesen Autoren als ökonomisch unvernüftig, jede weitere Mark, die in diese erfolglose Politik investiert wird, als "a waste of money" (Olson 1990: 232). Zusammenfassend läßt sich sagen, daß die ökonomische Argumentation zum einen das Preis-Leistungs-Verhältnis der herrschenden Politik negativ bewertet und zum anderen die ökonomischen Mechanismen des (Drogen-) Schwarzmarktes als mißachtet betrachtet.
Die ökonomische Argumentation ist - gerade in der angloamerikanischen Literatur - häufig verknüpft mit liberalen Argumenten. Nadelmann (1990:27) z.B. meint, die Prohibition mache "a mockery of an essential principle of a free society", nämlich dem, daß die, die keine anderen Personen schädigten, auch nicht von anderen geschädigt werden sollten - "particulary not by the state". Gerade im Falle der Kriminalisierung von Drogenkonsumenten sei dies aber der Fall: Sie schädigten keine anderen Personen, allenfalls sich selbst, würden aber trotzdem, sogar staatlich, verfolgt und bestraft (vgl. auch Nadelmann 1988 sowie 1989).
Gieringer (1989:137ff.) bezieht sich auf die liberalen Grundsätze von Stuart Mill[22] und fordert das Recht der Konsumenten "to do as one will with his own life and body", solange sie keinem anderen Schaden zufügen. Die Freiheit des Drogengebrauchs

---

[22] "Der einzige Teil des Verhaltens eines Menschen, für den er der Gesellschaft gegenüber Verantwortung schuldet, ist jener, welcher andere betrifft. In Bezug auf den Teil, der lediglich ihn selbst betrifft, ist seine Unabhängigkeit berechtigterweise absolut. In Bezug auf sich selbst, seinen Körper und seinen Geist ist das Individuum souverän." (Mill 1956, zit. bei Gieringer 1989:137; O.Z.9); vgl. auch Kaplan 1985:103/104 sowie Szasz 1980:52f. und 1982:1394; in der deutschsprachigen Literatur zu dieser liberalen Argumentation z.B.: Quensel 1982:70f.; Behr/Juhnke 1985:239; Scheerer 1986a:113; Schmidt-Semisch 1990a:83ff.; Emmerlich 1991:53; Bossong 1991a:82 u.v.a.

müsse, so Gieringer, als ein fundamentales menschliches Recht berücksichtigt werden bzw. als Teil des allgemeineren Rechts auf körperliche und mentale Selbstbestimmung. Zur mentalen Selbstbestimmung gehöre auch - als Teil der Verfassung der USA - die religiöse Freiheit, und eben diese sei durch die Drogen-Prohibition eingeschränkt. Berauschende Substanzen seien in verschiedenen Religionen gebraucht worden, wie etwa im Sufismus, im Hinduismus, im tandrischen Buddismus sowie im Schamanismus der amerikanischen Ureinwohner. Heute spiele z.B. Cannanbis in einigen neuen Sekten eine bedeutende sakramentale Rolle. Die Verfassung der USA gebiete es deshalb, den Gebrauch von Drogen als Teil der religiösen Praktiken zuzulassen. Das gleiche müsse gelten für Erscheinungen wie z.B die *psychedelische Bewegung* der 60er Jahre, die ernsthafte spirituelle und metaphysische Interessen verfolgt habe, was man an den Werken von Huxley, Leary und Castaneda erkennen könne[23].

Ähnlich argumentiert auch Roberts (1990:292ff.). Er sieht nicht nur die religiöse Freiheit eingeschränkt, sondern ebenso die akademischen Freiheiten, denn "psychoactive drugs are important mindbody psychotechnologies" (a.a.O.:294). Mit der Prohibition würden wichtige Forschungen der "cognitive sciences" unterbunden und darüberhinaus auch die therapeutische Freiheit in Frage gestellt. Gleichzeitig sei die Prohibition als Einschränkung der geistigen Freiheit zu betrachten.

"Wer hat das Recht, zu entscheiden, welche Gedanken man denken darf und welche nicht? Viele Amerikaner glauben, daß sie als Individuen das Recht haben zu bestimmen, was in ihrem eigenen Kopf vor sich geht, daß die Kontrolle des Denkens nicht

---

[23] vgl. z.B. Castaneda 1973, 1975, 1976a, 1976b sowie 1980 (hierzu auch Duerr 1985:169ff.); Huxley 1991; Krassner 1986

das Recht der Regierung sei. Aber Drogen-Kontrolle ist eine Art von Gedanken-Kontrolle.
Ich schlage vor, daß wir eine neue Freiheit anerkennen, eine Freiheit des Geistes. Die Freiheit des Geistes bedeutet das Recht, selbst zu wählen, was man denken will, die geistigen Prozesse selber auszuwählen. D.h. den eigenen geistigen Zustand frei wählen zu können, immer vorausgesetzt natürlich, daß es keinen Dritten schädigt." (A.a.O.:295; O.Z.10; ähnlich auch Pisani 1989:109)
Dennis (1990:222) sieht die therapeutischen Freiheiten eingeschränkt, wenn durch die Total-Prohibition der durchaus sinnvolle medizinische Gebrauch solcher Drogen verhindert werde. In keinem Fall könne dies einer rationalen Politik entsprechen.
In der deutschsprachigen Literatur werden liberale Argumente vor allem von Böllinger und Haffke[24] in die Freigabe-Debatte eingebracht. Beide stellen die Recht- bzw. Verfassungsmäßigkeit der herrschenden Drogenpolitik in Frage. Nach Böllinger (1991:15-76) verstößt das Abstinenzparadigma (bzw. -dogma) der aktuellen Politik gegen Art.2 GG, nach dem jeder das Recht auf die freie Entfaltung seiner Persönlichkeit habe, soweit er nicht die Rechte anderer verletze. Die Bevormundung in der Drogenpolitik sei selbst dann nicht legitim, wenn es sich beim Konsum illegaler Drogen um eine Selbstschädigung handeln würde, denn auch diese sei durch Art.2 GG gedeckt. Ebenso sei die prohibitive Politik ein Verstoß gegen Art.4 GG, da Personen aufgrund ihres Gewissens verfolgt würden. Die Meinungs- und Pressefreiheit (Art.5 GG)

---

[24] Böllinger und Haffke plädieren zwar nicht für eine Legalisierung, sondern eher für Verabreichung und Verschreibung, aber sie sind nahezu die einzigen im deutschsprachigen Raum, die eine solche liberal-rechtsstaatliche Argumentation führen. Sie werden deshalb an dieser Stelle erwähnt (ähnlich auch Stöver 1989).

würde mißachtet, da man über illegale Drogen kaum ein sachliches Gespräch führen könne. Denn allzuleicht werde ein solches als Werbung interpretiert, die wiederum nach § 29.1 BtmG verboten und mit Strafe bedroht sei. Diese hier nur sehr kurz skizzierten rechtlichen Betrachtungen sind für Böllinger zu Recht Grund genug zu behaupten, daß das Betäubungsmittelgesetz verfassungswidrig sei.

Für Haffke[25] steht vor allem die Freiheit der Behandlung, verstanden als eine ausgehandelte zwischen Arzt und Patient, im Vordergrund seiner Kritik. Betrachtet man die Vergabe von Substitutions- sowie Originaldrogen als eine Behandlungmethode, so käme das gesetzliche Verbot bestimmter Substanzen einer Einschränkung der Behandlungsfreiheit gleich, und das sowohl auf Seiten des Arztes als auch auf Seiten des Patienten.

Als Selbstbehandlung des jeweiligen Konsumenten thematisiert z.B. Hilgart (1990:318) den Drogenkonsum: Dieser könne auch verstanden werden als eine Art Selbstmedikation, die Ungleichgewichte in der Chemie des Gehirns des Konsumenten ausgleiche. Illegale Drogen, so Hilgart, würden daher benutzt wie Alkohol und Nikotin und müßten deshalb behandelt werden "as we treat now alcohol and tabacco".

Alle diese Argumente, die von liberal und rechtsstaatlich orientierten Autoren in die Freigabe-Debatte eingeführt werden, fordern in ihrer Konsequenz die Abschaffung der Prohibition. Nur durch eine, bisher allerdings noch nicht detailliert elaborierte, legale Regulation der heute verbotenen Substanzen kann diesen Argu-

---

[25] Hier beziehe ich mich auf die Ausführungen von Haffke auf dem 1.Kongreß des Bundesverbandes für akzeptierende Drogenarbeit und humane Drogenpolitik, akzept e.V., "Mit Drogen Leben? Akzeptierende Drogenarbeit als Schadensbegrenzung gegen repressive Drogenpolitik", vom 10.-13. März 1991 in Berlin

menten Rechnung getragen werden. Das gleiche gilt für die oben angeführten ökonomischen Argumente, die einerseits die finanziellen und gesellschaftlichen Kosten der Prohibition beklagen und andererseits die Mißachtung der ökonomischen Prinzipien und Mechanismen des (Schwarz-) Marktes. Auch diese Argumente sind in der Konsequenz auf eine legale Regulation der heute illegalen Substanzen orientiert. Gleichwohl fehlt allen diesen ökonomischen und rechtsphilosophisch-liberalen Argumentationen die gesellschaftliche oder auch kulturelle Perspektive, also gewissermaßen ein sozialwissenschaftliches Fundament oder Gerüst der Argumentation. Dies wird von den kulturell und integrativ orientierten Argumentationen für eine Legalisierung illegaler Substanzen - zumindest in Ansätzen - geliefert.

Die grundlegende These dieser kulturellen und integrativen Argumentation[26] ist die, daß es in allen Kulturen und zu allen Zeiten den Gebrauch von extatisierenden und/oder bewußtseinsverändernden Medien (Drogen, Tanz, Musik etc.) gegeben hat und immer noch gibt. Der Drang zum Konsum solcher Medien bzw. in unserem Zusammenhang zum Konsum von Drogen ist stets so mächtig gewesen, daß er mit Verboten und Zwangsmaßnahmen nicht verhindert werden konnte. Vielmehr gehört Drogenkonsum zu jeder Kultur und ist Teil ihrer jeweiligen Identität. Der Versuch von Seiten staatlicher Institutionen, Drogenkonsum zu verhindern, war und ist daher illusorisch.

"Niemand erwartet ernsthaft, daß ein zukünftiges Amerika von Heiligen bevölkert wird; solche frommen Wünsche, wie etwa ein

---

[26] vgl.z.B. Josuttis 1982; Legnaro 1982; Marzahn 1983; Scheerer 1986a; Ksir 1989; Henman 1989; Lord 1989; Bülow 1989a sowie 1989b; Baratta 1990; Schmidt-Semisch 1990a soiwe 1990b; Alexander/Wong 1990; Wehowsky 1990; Joset 1991; Kappeler 1991a sowie 1991b

'drogenfreies Amerika', sind nur leere Phrasen." (Ksir 1990:157; O.Z.11)

Eine zweite wichtige These der kulturellen integrativen Argumentation ist die Erkenntnis, daß die Gefährlichkeit des Konsums von Drogen abhängig ist vom Grad der Integration des Konsums und der Konsumenten in die jeweilige Kultur. Einen ähnlichen Zusammenhang hatte bereits Seidenberg (s.o) geltend gemacht, und er plädierte daher für einen Konsum unter ärztlicher Aufsicht; denn die Art des Konsums berge das eigentliche Gefahrenpotential von Drogen. Die integrative Argumentation geht hier einen Schritt weiter. Sie konstatiert, daß sich mit der Integration einer Droge in die Gesellschaft - auch ohne ärztliche Aufsicht - Regeln und Rituale für den Umgang mit der jeweiligen Droge entwickeln, die die Gefährlichkeit des Konsums auf ein Minimum reduzieren und zudem exzessivem Konsum vorbeugen. Wir können dies beobachten, wenn wir in die Geschichte blicken oder in andere geographische Gegenden. Haben wir in unseren westlichen Ländern vor allem den Umgang mit Koffein, Alkohol und Nikotin kultiviert und Regeln und Rituale um den Konsum dieser Drogen herum entwickelt, so gibt es in historisch oder geographisch anderen Räumen Opium-Kulturen, Koka(in)-Kulturen, Cannabis-Kulturen, Halluzinogen-Kulturen u.s.w.[27]. Drei Gemeinsamkeiten dieser Drogen-Kulturen können formuliert werden (vgl. Schmidt-Semisch 1990a:152f.):

1. Der Drogenkonsum ist ein soziales Ereignis. Der Einzelne ist

---

[27] vgl. ausführlich zu verschiedenen Drogenkulturen z.B. Gelpke 1982; Marzahn 1983; Duerr 1985; Schmidt-Semisch 1990a:86f.u.144-153; zu speziellen Drogenkulturen, z.B. Kokain: Voigt 1985; Scheffer 1982 und 1989; Gunkelmann 1989a; Cannabis: Moser-Schmidt 1982, Wolffersdorff-Ehlert 1989; DuToit 1982; Opium: Seefelder 1990 sowie Anwari-Alhosseyni 1982; Peyote: Furst 1982 sowie La Barre 1982; Qat: Schopen 1982; Betel: Stöhr 1982 sowie Seyfarth 1982 u.v.a.

in eine Gruppe gleichgesinnter und vertrauter Personen eingebettet, in der der jeweilige Drogenkonsum kommunizierbar ist. Durch die Kommunikation, Interaktion und Gemeinschaft der Gruppe entwickeln sich Regeln und Rituale, die sowohl die negativen wie auch die positiven Aspekte des Konsums kennen und diese auch berücksichtigen, so daß negative Folgen weitgehend vermieden und positive Wirkungen begünstigt werden können. Der Umgang ist daher von den Erfahrungen beim Konsum geleitet; die daraus hervorgegangenen Regeln und Rituale bilden die *innere Ordnung* der jeweiligen Drogenkultur.

2. Der Drogenkonsum ist eingebettet in die zeitliche Gliederung des Lebens, d.h. man versammelt sich an einem besonderen Ort zu einer besonderen Zeit. Damit erhält der Konsum bzw. der Rausch seinen festen Platz im Leben des Einzelnen und der Gruppe, und ist nicht darauf gerichtet, diesen Zustand zu fixieren. Diese *äußere Ordnung* trägt erheblich dazu bei, die bei einigen Sustanzen potentiell mögliche Abhängigkeit zu vermeiden.

3. Unerfahrene Konsumenten werden von erfahrenen und kundigen Konsumenten in den Gebrauch, d.h. die möglichen Gefahren und positiven Erlebnis-Möglichkeiten der Drogen eingeführt. Das unwissende Hineinstolpern in den Gebrauch von Drogen mit seinen möglichen negativen Konsquenzen wird so weitgehend ausgeschlossen.

Einen solchen kultivierten Gebrauch von Drogen finden wir aber nicht nur in historisch oder geographisch anderen Kulturkreisen oder in unseren westlichen Industriestaaten im Hinblick auf Kaffee, Alkohol und Zigaretten. Wir finden diesen kultivierten bzw. kontrollierten Gebrauch auch bei Konsumenten heute illegaler Drogen, also bei Gebrauchern von Heroin, Kokain, Cannabis etc.

Harding, Zinberg u.a. haben seit 1973 den kontrollierten Heroin-

Konsum erforscht und kamen zu dem Ergebnis, daß der Anteil kontrollierter Heroin-Gebraucher an der Gesamtzahl aller Heroin-Konsumenten mindestens 40% beträgt. Gleichzeitig konnten sie durch ihre empirischen Untersuchungen eine ganze Reihe von Regeln bzw. Regelstrukturen analysieren, die in den Gruppen kontrollierter Heroin-Gerbraucher entwickelt und angewendet werden[28]. Diese Regelstrukturen entsprechen weitgehend denen, die oben als Gemeinsamkeiten einer Drogenkultur benannt wurden (vgl. ausführlicher Schmidt-Semisch 1990a: 154ff.).

Auch für Kokain existiert einige Literatur, die belegt, daß ein kontrollierter Kokain-Konsum möglich ist. Alexander/Wong (1990:258f.) fanden sogar heraus, daß dieser *moderate use* die häufigste Form des Kokain-Konsums darstelle (vgl. auch Cohen 1989). Gunkelmann (1989b:362ff) beschreibt die Kokain-Kultur der 20er Jahre und meint, daß für jene Gebraucher Information, Wissensaneignung und Erfahrungsaustausch ebenso wichtige Bestandteile der Drogenerfahrung waren, wie die Lust am Rauscherlebnis selbst. Auch für die Kokain-Gebraucher der 70er Jahre läßt sich, nach Gunkelmann (1989b:362), schließen,

"daß gemeinsamer Konsum in geselliger Umgebung eher vor übermäßigem, unkontrolliertem Gebrauch schützt, daß Erfahrungen und Wissen derart verarbeitet werden, daß relativ 'sichere' Gebrauchsmuster entstehen."

Eine allgemeine Entdramatisierung der medienmäßig verbreiteten Horrordarstellungen der Wirkungen von Kokain und der durch diese Droge verursachten gesundheitlichen Schädigungen und angeblichen Todesfälle bieten Trebach (1990), Gieringer (1990),

---

[28] Zur Literatur zum kontrollierten Heroin-Gebrauch s. Anm. 16

Goldstein u.a.(1990), Kappeler (1991a) sowie Rosenthal (1990). Die Todesfälle, die in der Presse als Kokaintodesfälle dargestellt würden, so das empirische Ergebnis von Wong/Alexander (1989), seien vor allem auf Misch-Intoxikationen zurückzuführen, die im jeweiligen Fall zu einer Akkumulation der Giftstoffe geführt hätten. In den allermeisten Fällen seien diese Todesfälle daher nicht der Substanz Kokain an sich geschuldet. Gleiches wird in der genannten Literatur auch für die rauchbar gemachte Kokainvariante *Crack* geltend gemacht[29].

Solche und ähnliche Belege, wie sie hier für zwei der sog. *harten Drogen* angeführt wurden, gibt es quasi für alle illegalen Drogen[30].

Zusammenfassend bedeutet dies, daß ein kontrollierter und genußorientierter Gebrauch heute illegaler Drogen möglich und vielleicht sogar die Regel ist. Gleichzeitig wird aber durch die Prohibition die Kommunikation unter den Gebrauchern, die Entwicklung und Weitergabe von kontrollierenden Regeln, die

---

[29] Crack ist m.E. überdies eine typische Droge, die durch die Prohibition erst generiert wurde. Diese rauchbare Variante des Kokains ist wirksamer (Kokain wird in der Regel geschnupft) und daher im Verbrauch billiger. Bei den hohen Preisen des Kokains ist es nicht verwunderlich, wenn - gerade finanziell schwächere - Konsumenten auf diese Droge ausweichen. Ebensolche Drogen des Verbots sind auch die sog. *Designer-Drogen*. Bei diesen Drogen werden die chemischen Zusammensetzungen immer wieder dahingehend geändert, daß sie vom Betäubungsmittelgesetz nicht erfaßt werden und somit ihre Herstellung, ihr Besitz und der Handel mit ihnen nicht strafbar ist. Diese "Drogen des Verbots" sind in sofern gefährlich, als sich bei ihrem schnellen Wechsel keine Regeln entwickeln können. Die je spezifischen Gefahren müssen stets neu erkannt bzw. erprobt werden und können nicht unbedingt aus dem Konsum anderer Drogen abgeleitet werden.

[30] vgl. z.B. zu Cannabis: Eisenbach-Stangl/Pilgram 1980:3f.; NORML 1980:24ff.; Uchtenhagen 1980:56ff.; Burian 1980: 95f.; Leu 1984:43-46; Quensel 1982:56ff. u.1989:384ff.; Wolffersdorff-Ehlert 1989:373ff. u.v.a.

Entstehung von geselligen Gebraucher-Gemeinschaften etc. verhindert. Gerade auch Neueinsteigern fehlt häufig der Kontakt zu einer Gruppe kontrollierter Gebraucher, in der sie einen gemäßigten Konsum erlernen könnten. Der Lernprozeß findet vielmehr im Rahmen der herrschenden prohibitionistischen Situation statt, also innerhalb einer Szene, die auf Grund der Illegalität und des Beschaffungsdrucks vom Mißtrauen aller Beteiligten geprägt ist. Unter solchen Bedingungen steigt, so Bülow (1989a:15), das Risiko des Mißlingens dieses Lernprozesses (vgl. auch Joset 1991:88f.). Eine Gruppe kontrollierter Gebraucher wird sich gegenüber Neuen abschotten, denn schließlich ist z.B. die Gefahr, an einen V-Mann der Strafverfolgungsbehörden zu geraten, nicht gering. Das Erlernen eines kontrollierten Konsums ist daher mehr oder weniger dem Zufall überlassen und der Anfänger hat meist nur die Wahl zwischen Abstinenz oder Fixer-Szene, d.h. exzessivem Konsummuster (Schmidt-Semisch 1990a:157ff.).

Um einen kulturellen Umgang mit Drogen zu begünstigen, ist es daher notwendig, die Repression aus dem Drogenbereich zu verbannen.

"Dies sind weder moralische, noch eigentlich medizinische Argumente. Es sind vielmehr die Argumente maximal angenehmer Effekte oder minimaler physischer Schädigung und psychischer Qual. Kurz: Es sind die Argumente der Gebraucher. Anstatt zu versuchen, die Realitäten des Drogen-Konsums von außen zu beeinflußen - mit den Mitteln des Zwanges -, sollte eine intelligente Politik nach Wegen suchen, von innen heraus zu arbeiten, von der geistigen Perspektive der Konsumenten her." (Henman 1989:175; O.Z.12)

4. Resümee

Es sind drei grundsätzliche Möglichkeiten einer Freigabe illegaler Drogen vorgestellt worden. Zunächst war von der Drogenverschreibung an (Schwerst-) Abhängige die Rede. Es ist deutlich geworden, daß die Verschreibungs-Modelle - entweder Verschreibung in Drogenkliniken oder Verscheibung im Rahmen von Originaldrogen-Programmen - aus unterschiedlichen Gründen die allerwenigsten Konsumenten erreichen und daher für den größten Teil der Konsumenten keine Wirkung haben. Die Konzeptionen von Voscherau oder auch des Amsterdamer Morphium-Experiments sind darüberhinaus lediglich für Opiatkonsumenten von Bedeutung; die Konsumenten anderer Drogen fallen aus diesen Konzepten schon per definitionem heraus.

Sodann wurde die Idee, Drogen unter ärztlicher Aufsicht in Konsumläden zu verabreichen, erörtert. Es stellte sich heraus, daß auch mit diesem Modell ein großer Teil der Konsumenten nicht erreicht würde. Dies vor allem deshalb, weil sich die Konsumenten bei beaufsichtigten und überwachten Verabreichungsformen stets als Kranke betrachtet sehen müßten, denen jegliche Autonomie und Selbstverantwortung beim Konsum der Substanzen ihrer Wahl abgesprochen wird. Darüberhinaus widerspräche ein solches Modell allen Bedürfnissen nach Privatheit und Geselligkeit beim Drogen-Konsum. Es wurde deutlich, daß die Konsumladen-Verabreichung für viele Konsumenten nur wenig Attraktivität bereit hält.

Zuletzt wurden Argumente dargestellt und erörtert, die für eine Legalisierung illegaler Drogen angeführt werden. Die Prohibition, so konnte konstatiert werden, setzt viele Mechanismen in Gang, die für die Konsumenten und die Gesellschaft negative Folgen mit sich bringen. Die Vertreter des ökonomischen Ansatzes hoben vor allem die (nicht ausschließlich finanziellen) Kosten der Prohibition hervor. Der Mißerfolg der prohibitionistischen Drogenpolitik sei darauf zurückzuführen, daß von der herrschenden Politik die ökonomischen Erkenntnisse im Bezug auf das Funktionieren von (schwarzen) Märkten nicht berücksichtigt würden. Die Folge seien hohe Drogenpreise, übermäßige Profite der Drogen-Händler und Beschaffungsdruck auf die Konsumenten und damit Beschaffungskriminalität.

Liberal argumentierende Autoren betonten vor allem die Tatsache, daß sowohl in der Verfassung der USA als auch im Grundgesetz der Bundesrepublik Deutschland das Grundrecht verankert sei, daß jeder (mit sich selbst) tun dürfe, was er wolle, wenn er dabei und damit niemand anderen schädige.

Historisch-kulturvergleichende und sozialwissenschaftliche Erkenntnisse und Argumente belegten, daß Drogenkonsum ein ubiquitäres Phänomen darstellt, das es zu allen Zeiten und an allen Orten gegeben hat und immer noch gibt. Drogenkonsum war durch prohibitive Strukturen nie zum Verschwinden zu bringen, sondern diese haben vielmehr einem kontrollierten, von Regeln und Ritualen geleiteten und damit in der Gefährlichkeit erheblich reduzierten Drogenkonsum stets entgegengewirkt und zu sozialer und gesundheitlicher Verelendung beigetragen.

Im Anschluß an diese, m.E. plausiblen Argumente für eine Drogen-Freigabe muß man die Notwendigkeit zur Legalisierung illegaler Drogen als Ergebnis dieses ersten Kapitels formulieren. Dementsprechend kann es im folgenden nicht mehr darum gehen, ob oder warum man diesen Weg aus dem Drogen-Politik-Problem heraus beschreiten sollte, sondern lediglich darum, wie dieser Weg zu gestalten ist. In der vorliegenden Abhandlung fällt die Entscheidung zugunsten eines so zu bezeichnenden *Genußmittel-*

Modells, d.h. es wird eine Gleichstellung der heute illegalen Drogen mit den heute legalen Substanzen versucht.

III. Ein lebensmittelrechtliches Modell der Drogen-Freigabe

"Die durch Alkohol und Tabak hervorgerufenen Probleme lassen sich, das versteht sich von selbst, nicht durch Verbote lösen. Der allgemeine und immer vorhandene Drang zur Selbstüberschreitung läßt sich nicht durch das Zuschlagen der gegenwärtig beliebtesten Türen in der Mauer beseitigen. Das einzig vernünftige Vorgehen wäre, andere, bessere Türen zu öffnen und zu hoffen, daß die Menschen dadurch zu bewegen sein werden, ihre alten, schlechten Gewohnheiten gegen neue und weniger schädliche zu tauschen."

(Aldous Huxley 1991:50)

Wir haben im vorangegangenen Kapitel gesehen, daß die Argumente für eine Legalisierung bzw. Freigabe illegaler Drogen so vielfältig und berechtigt sind, daß man nun daran gehen muß zu fragen, wie eine solche Legalisierung illegaler Drogen rechtlich und gesellschaftlich zu operationalisieren wäre. *Legalisierung* und *Freigabe*[31] müssen hierbei als substanzbezogene Unternehmungen verstanden werden. Im Gegensatz zur *Entkriminalisierung*, die stets eine Handlung oder eine Person vom Strafanspruch des

---

[31] Der Begriff der Freigabe muß m.E. als Synonym für den der Legalisierung benutzt werden. Allerdings wird er in der aktuellen Diskussion quasi als Oberbegriff für alle Überlegungen benutzt, die eine Entkriminalisierung (der Konsumenten, des Konsums, des Besitzes etc.), Verabreichung, Verschreibung, Legalisierung betreffen.

Staates befreit, betrifft eine Legalisierung die Droge als solche.
"Die Legalisierung geht daher in der Konsequenz einen Schritt weiter als die Entkriminalisierung. Entkriminalisiert man den Konsum und/oder den Konsumenten einer Droge, so kann die Droge selbst weiterhin illegal bleiben - die Entkriminalisierung kann also die Legalisierung enthalten, muß es aber nicht. Legalisiert man aber eine Droge und macht sie damit (relativ) frei zugänglich, entkriminalisiert man auch Konsum, Besitz und Handel der Droge." (Schmidt-Semisch 1990a:79; vgl. ausführlicher a.a.O.: 75-80 m.w.V.)

Die legalen Drogen sind im Lebensmittel- und Bedarfsgegenständegesetz (LMBG) geregelt und als *Genußmittel* definiert.

In einem ersten Kapitel soll daher geklärt werden, was ein Genußmittel genau ist, wie mit den heute als Genußmittel definierten Substanzen verfahren wird und ob solcherlei Regelungen auf die heute illegalen Substanzen grundsätzlich übertragbar wären. Im zweiten Kapitel wird überlegt werden, wie eine solche lebensmittelrechtliche Regelung für die heute illegalen Substanzen inhaltlich ausgestaltet werden könnte.

1. Drogen als Genußmittel

1.1. Der Begriff "Genußmittel"

Als C.Hartwich 1911 sein Buch *Die menschlichen Genußmittel* veröffentlichte, war es für ihn selbstverständlich, daß nicht nur die für uns alltäglichen Drogen Tabak, Kaffee, Alkohol, Tee, Kakao etc. behandelt werden mußten, sondern ebenso Opium, Hanf (also Cannabis), die Kolanuß, Koka(in), Betel und nicht zuletzt der Fliegenpilz. Zwar sah Hartwich (1911:2ff.) die Gefahren, die aus dem Konsum dieser Substanzen entstehen können und stand ihnen daher auch recht ambivalent gegenüber; an seiner Definition als Genußmittel änderte dies allerdings nichts[32].
1943 gab Knud O. Möller in Dänemark das Buch *Rauschgifte und Genußmittel* heraus, das 1951 in übersetzter Fassung auch in Deutschland erschien. Hier tauchte bereits die heute übliche Unterscheidung zwischen Genußmitteln und Rauschgiften auf. Sowohl Möller (1951:13ff.) als auch Hansen (1951:53ff.) unterschieden diese beiden Begriffe nach der jeweiligen Wirkung der Drogen auf das Großhirn. Hansen glaubte,
"daß die am meisten verwendeten Rauschgifte auf das Großhirn eine lähmende Wirkung ausüben, während nur Kokain und Weckamine eine aufpeitschende Wirkung haben. Mit Genußmitteln verhält es sich umgekehrt. Sowohl Koffein in Form von Kaffee und Tee als auch Nikotin im Tabak sind echte Stimulantien (...) Merkwürdigerweise finden sich so gut wie keine beruhigenden (großhirnlähmenden) Stoffe unter den allgemein gebräuch-

---

[32] Dasselbe gilt auch für Lewin (1927 (1980)), der alle Betäubungsmittel und andere psychoaktive Substanzen unter dem Oberbegriff der Genußmittel erfaßt.

lichen Genußmitteln, abgesehen vom Alkohol." (Hansen 1951:53) Diese Unterscheidung scheint recht undeutlich. Sie wird noch undeutlicher, wenn Hansen anmerkt, daß man wohl auch deshalb zwischen Rauschgiften und Genußmitteln unterscheiden müsse, als die Rauschgifte geruchs- und geschmacksfrei seien, was sie als Genußmittel ungeeignet mache. Die Frage ist allerdings, nach welchen Geschmackskriterien Hansen unterschieden hat, wenn er das Rauchen von Tabak geschmacklich als Genuß definiert, das Rauchen von Opium oder Cannabis dagegen nicht. Der Volksmund würde möglicherweise sagen: "Alles Geschmackssache". Rudolf Schröder, der das aktuellste Überblicks-Buch (Schröder 1991) zu Genußmitteln geschrieben hat, geht in seinen Ausschlußkriterien die Genußmittel betreffend noch weit über Möller und Hansen hinaus. Tabak und starke alkoholische Getränke zählt Schröder nicht mehr zu den Genußmitteln, gibt aber gleichzeitig keine andere Kategorie für sie an. Kakao bezeichnet Schröder in erster Linie als Nahrungsmittel.
Aus dieser historischen Reihenfolge läßt sich zweierlei exemplarisch herauslesen: Zum ersten, daß sich der Begriff von dem, was ein Genußmittel ist, historisch wandelt, was im übrigen wohl den Tatsachen entspricht (vgl. nur Schivelbusch 1990). Zum zweiten könnte man meinen, daß sich die definitorische Kategorie Genußmittel zunehmend einschränkt. Denn immerhin hatte Hartwich noch sehr viele Substanzen in dieser Kategorie verortet, während Möller und Hansen schon zwischen Rauschgift und Genußmittel differenzierten. Schröder hatte gar Tabak und Alkohol nicht mehr zu den Genußmitteln gezählt. Wie aber sieht nun die aktuelle rechtliche Situation bzw. Definition aus?
Im LMBG finden wir folgende Definition:
"Lebensmittel im Sinne dieses Gesetzes sind Stoffe, die dazu bestimmt sind, in unverändertem, zubereitetem oder verarbeitetem

Zustand von Menschen verzehrt zu werden; ausgenommen sind Stoffe, die überwiegend dazu bestimmt sind, zu anderen Zwecken als zur Ernährung oder zum Genuß verzehrt zu werden." (§ 1(1) LMBG)
Genußmittel werden also explizit im LMBG geregelt. Ihrer psychoaktiven Wirkungen ist man sich dabei durchaus bewußt. So gelten als Genußmittel solche Stoffe, die nicht wegen ihres Nährwertes eingenommen bzw. verzehrt werden, von denen aber anregende Wirkungen auf körperliche Funktionen ausgehen, so z.B. auf die Magen- und Darmtätigkeit, auf Gehirn, Kreislauf oder Herz (vgl. Hahn/Muermann 1986:16; Lips/Marr 1990: 51-57). Die Wirkung auf das Gehirn, die für Möller und Hansen als Ausschlußkriterium galt, ist dies hier keineswegs. So sind im LMBG Alkohol, Kaffee, Tee, Kakao, Tabak etc. als Genußmittel erfaßt.
Eine andere Notwendigkeit der Abgrenzung ergibt sich im Hinblick auf die Definition als Arzneimittel. Arzneimittel sind Stoffe, die zur Heilung, Linderung oder Verhütung von Krankheiten eingesetzt werden. Ihre Zweckbestimmung ist darauf ausgerichtet, den Zustand oder die Funktionen des Körpers zu beeinflussen.
"Gleichwohl kann es Abgrenzugsschwierigkeiten geben, denn manche Verbraucher bevorzugen beispielsweise einen Magenlikör, um etwas gegen ihr nervöses Magenleiden zu tun. Doch hierdurch wird ein Magenlikör noch nicht zum Arzneimittel. Denn er ist lediglich ein Stoff, der in einzelnen Krankheitsfällen und nur mittelbar eine heilende, vorbeugende oder lindernde Wirkung haben kann. Gleichwohl bleibt er ebenso wie Rum und Hustenbonbons als angebliches Vorbeugemittel gegen Erkältungen ein Lebensmittel." (Hahn/Muermann 1986:16)
Diese Definition ist jüngst durch eine Entscheidung des Ver-

waltungsgerichts Würzburg unterstützt worden. Wein, so das Gericht, falle nicht unter die in der Apothekerbetriebsordnung aufgeführten apothekenüblichen Waren. Wein darf demnach nicht als Medizin in Apotheken angeboten werden. Auch wenn dem Wein eine, bei maßvollem Genuß, heilsame Wirkung zukomme, werde er dadurch nicht zur Arznei, sondern bleibe ein Lebensmittel, sprich Genußmittel (vgl. die tageszeitung vom 3.8.1991). Entscheidend für die Abgrenzung zwischen Lebens- und Arzneimitteln ist die ojektive Zweckbestimmung.

"Maßgebend ist die überwiegende Zweckbestimmung nach allgemeiner Verkehrsauffassung, nicht die Zweckbestimmung, die einem Stoff in einzelnen Fällen subjektiv gegeben wird. Für Lebensmittel ist die Zweckbestimmung Ernährung und Genuß; für Arzneimittel Vorbeugung, Heilung und Linderung von Krankheiten." (Lips/Marr 1990:25)

"Stoffe, die in einzelnen Krankheitsfällen oder nur gelegentlich eine heilende, vorbeugende oder lindernde Wirkung haben, werden als gelegentliche Heilmittel angesehen und den Lebensmitteln zugerechnet. Hierbei handelt es sich beispielsweise um Magenliköre, Rumgrog als Vorbeugungsmittel gegen Erkältungskrankheiten, Eukalyptus-, Menthol- und Malzbonbons, Kümmel, Nelken- und Pfefferminztee." (Lips/Marr 1990:53)

Genußmittel sind also zusammenfassend Stoffe, die nicht in erster Linie zum Zwecke der Ernährung oder zum Zwecke der Linderung, Heilung oder Verhütung von Krankheiten verzehrt werden, sondern aus Gründen des Genusses. *Verzehren* ist nach § 7(1) LMBG "das Essen, Kauen, Trinken sowie jede sonstige Zufuhr von Stoffen in den Magen". Allerdings weist diese gesetzliche Definition eine kleine, in unserem Zusammenhang aber bedeutende Ungenauigkeit auf. Nikotin bzw. Tabak wird nicht dem Magen zugeführt, sondern vielmehr durch Inhalation des Tabakrauches in

die Lunge aufgenommen. Darüber hinaus gilt auch das Schnupfen von Schnupftabak als mögliche Applikationsform der Droge Nikotin (§ 3 LMBG). Gleichwohl gilt der Tabak (auch der Schnupftabak) als Genußmittel und ist im LMBG geregelt. Dadurch erweitert sich die gesetzliche Definition quasi dahingehend, daß Verzehren *das Essen, Kauen, Trinken, Rauchen, Schnupfen sowie jede sonsige Zufuhr von Stoffen in den Magen oder in die Lunge oder in die Nase* bedeutet.
Wenden wir uns nun also kurz den heute legalen Drogen zu, d.h. den Genußmitteln im LMBG.

1.2. Legale Drogen als Genußmittel

Nikotin, Alkohol und Koffein sind heutzutage wohl die drei wichtigsten legalen Drogen. Alkohol und Nikotin sind darüberhinaus auch diejenigen Substanzen, die das Gesundheitssystem finanziell am stärksten belasten. So ist z.B. das Rauchen von Tabak in hohem Maße gesundheitsschädlich (vgl. ausführlich Hess 1989c:129-141) und macht zudem stark abhängig. Hess (1989c: 150f.) geht soweit zu behaupten, daß ein gelegentlicher Konsum von Nikotin seltener auftrete, als beispielsweise der gelegentliche Konsum von Opiaten (also Opium, Morphium oder Heroin). Eine Illegalität von Tabak habe daher durch die damit einhergehende Verknappung des Angebots stets zu Zuständen geführt, die eine erstaunliche Parallelität zur heutigen Situation des Heroins zeigten. Darüberhinaus fänden es z.B. Fixer und Alkoholiker, die zumeist auch starke Raucher seien, häufig einfacher, die Drogen aufzugeben, nach denen sie benannt würden, als auf Zigaretten zu verzichten. Die finanziellen, gesundheitspolitischen, aber auch volkswirtschaftlichen Kosten des Nikotinkonsums sind enorm.

"Die Lebenserwartung von Rauchern sinkt im Durchschnitt um fünf Jahre bei zwanzig Zigaretten täglich und um 8 Jahre bei einem Tageskonsum von vierzig Zigaretten. Allein in Deutschland sterben pro Jahr über 100.000 Menschen vorzeitig, weil sie geraucht haben. Der vorzeitige Tod ist aber nur die drastischste Folge des Rauchens. Daneben verursacht oder verstärkt das Rauchen viele leichte und schwere Krankheiten, die nicht unmittelbar zum Tod führen. Diese lassen sich quantitativ nur schwer erfassen. Immerhin berechnete die Bundesregierung bei sehr konservativer Schätzung der Überschußmorbidität die durch das Rauchen verursachten zusätzlichen Arbeitsunfähigkeitstage mit mindestens 15% der gesamten Ausfalltage, das waren 1971 17,5 Millionen von insgesamt 117 Millionen. Volkswirtschaftlich gesehen sind die genannten Zahlen, hinter denen natürlich vor allem menschliches Leid steht, in Ausfälle am Sozialprodukt sowie in Kosten für die Renten- und Krankenversicherungen zu übersetzen, die die Bundesregierung auf mindestens 30 Milliarden Mark pro Jahr beziffert." (Hess 1989c:154)

Ähnliche Kosten ließen sich auch für den Alkoholkonsum benennen, wobei die Problematik des Alkohols durch seine pharmakologisch-physiologischen Wirkungen auf die Individuen noch erhöht wird. Durch Alkoholeinfluß wird bei einigen Personen die Hemmschwelle zur Anwendung von Gewalt oder zur Begehung strafbarer Handlungen herabgesetzt. Zudem zeigt die Statistik der Unfälle im Straßenverkehr sowie der Betriebsunfälle, daß häufig die Droge Alkohol eine entscheidende Rolle bei diesen Unfällen spielt. Zu den gesundheitlichen Risiken des Konsums treten beim Alkohol also auch noch die Risiken, die durch die Wirkung der Droge auf den einzelnen verursacht werden.

Trotz dieser Gefahren und Kosten des Konsums von Alkohol und Nikotin sieht die Bundesregierung keinerlei Grund, diese Substanzen bzw. ihren Konsum zu verbieten. Und dies, obwohl sie erkannt hat, daß diese Produkte "im Widerspruch zum Grundsatz des Lebensmittelrechts, dem die Genußmittel zugeordnet sind", stehen, "demzufolge ausschließlich solche Produkte in Verkehr gebracht werden dürfen, deren gesundheitliche Unbedenklichkeit nachgewiesen ist" (Bundesregierung 1974:1). Ein Verbot von z.B. Tabak[33], so die Bundesregierung (a.a.O.:1f.), würde nur, wie während des letzten Krieges sowie in der Nachkriegszeit, zu einem Tabak-Schwarzmarkt mit steigenden Preisen und unkontrollierten Produkten führen. Darüberhinaus bestände die Gefahr, daß die Raucher, die durch ein Verbot keineswegs vom Rauchen abgehalten werden könnten, "auf die sonderbarsten Pflanzen" ausweichen würden, was das gesundheitliche Risiko extrem vergrößere. Deshalb halte man an der Einordnung als Genußmittel im Lebensmittelrecht fest.

Diese Argumentation hat ihre Berechtigung, ist man mit Hilfe des Lebensmittelrechts doch in der Lage, die Produkte in ihrer Qualität bestmöglich zu kontrollieren. Der zweite Abschnitt des LMBG (Verkehr mit Lebensmitteln § 8-19) beinhaltet die zwei obersten Grundsätze dieses Gesetzes, zum einen den Schutz der Gesundheit der Verbraucher (§ 8 LMBG), zum anderen den Schutz vor Täuschung und Irreführung (§ 17 LMBG) (vgl.z.B. Horst 1988:1). So gibt es Ermächtigungen für den Bundesgesundheitsminister, bestimmte Herstellungstechniken, Verfahren, Zusatzsoffe etc. oder auch das Herstellen oder Behandeln von bestimmten gesundheitsschädlichen Stoffen in Lebensmittelbetrieben zu verbieten, zu beschränken oder an den Nachweis

---

[33] Im folgenden wird weitgehend der Umgang mit Tabakerzeugnissen im Vordergrund der Darstellung stehen, da der Verkehr und Handel mit diesen Produkten den weitgehendsten Be- und Einschränkungen unterliegt.

spezieller Fachkenntnisse des Herstellers zu koppeln (§ 9 LMBG). Zudem ist der Gesundheitsminister bemächtigt, "für bestimmte Stoffe Warnhinweise, sonstige warnende Aufmachungen sowie Sicherheitsvorkehrungen vorzuschreiben" (§ 9(1),6 LMBG). Von diesen Rechten wird, bezogen auf die für uns interessanten Substanzen Nikotin, Alkohol, Koffein etc., reichlich Gebrauch gemacht.

Für Tabakerzeugnisse gibt es sogar einen eigenen Abschnitt im LMBG (§ 20-23). § 20 regelt das Verbot und die Erlaubnis bestimmter Zusatzstoffe bzw. deren Höchstmengen sowie die Kenntlichmachung solcher Substanzen. In § 21(1),1 wird der Bundesgesundheitsminister u.a. ermächtigt

"c) Höchstmengen für den Gehalt an bestimmten Rauchinhaltsstoffen festzusetzen,

d) vorzuschreiben, daß im Verkehr mit bestimmten Tabakerzeugnissen oder in der Werbung für bestimmte Tabakerzeugnisse Angaben über den Gehalt an bestimmten Rauchinhaltsstoffen zu verwenden sind,

e) vorzuschreiben, unter welchen Voraussetzungen Angaben verwendet werden dürfen, die sich auf den Gehalt an bestimmten Stoffen in bestimmten Tabakerzeugnissen oder in deren Rauch, insbesondere Nikotin und Teer, beziehen,

f) für bestimmte Tabakerzeugnisse Warnhinweise oder sonstige warnende Aufmachungen vorzuschreiben" [34]

Die Art und Weise bzw. der Inhalt der Warnhinweise ist in der Tabakverordnung (§ 3a TabakVO) geregelt. So ist zum einen die Mengen-Angabe der Inhaltsstoffe Nikotin und Teer vorgeschrie-

---

[34] Näheres bzgl. der Zusatzstoffe, Fremdstoffe, Geschmacksstoffe etc. sowie ihrer Kenntlichmachung regelt die Tabakverordnung (TabakVO) in den §§ 1-3 sowie in den Anlagen 1 und 2.

ben, zum anderen die Anbringung des Warnhinweises: "Der Bundesgesundheitsminister: Rauchen gefährdet ihre Gesundheit."
§ 22 enthält die Werbeverbote, die für Tabakerzeugnisse bestehen. In § 22(01) LMBG heißt es:
"Es ist verboten, für Zigaretten, zigarettenähnliche Tabakerzeugnisse und Tabakerzeugnisse, die zur Herstellung von Zigaretten durch den Verbraucher bestimmt sind, im Rundfunk oder im Fernsehen zu werben."
Für die Werbung außerhalb von Fernsehen und Rundfunk halten die Absätze (1) und (2) des § 22 LMBG zusätzliche Beschränkungen und Ermächtigungen des Bundesgesundheitsministers bereit. So sind z.B. Angaben, Aufmachungen, Darstellungen etc. im Verkehr oder in der Werbung für Tabakerzeugnisse untersagt, durch die der Eindruck erweckt werden könnte, daß der Genuß oder die bestimmungsgemäße Verwendung von Tabakerzeugnissen gesundheitlich unbedenklich oder geeignet sei, die Funktionen des Körpers, die Leistungsfähigkeit oder das Wohlbefinden zu beeinflussen (§ 22(1), 1a LMBG). Darüberhinaus sind alle Arten von Aufmachungen untersagt, die dazu geeignet sein könnten, Jugendliche oder Heranwachsende zum Rauchen zu veranlassen (§ 22(1), 1b LMBG) oder die das Inhalieren von Tabakrauch als nachahmenswert erscheinen lassen (§ 22(1), 1c LMBG)[35]. Darüber hinaus hat die Zigarettenindustrie detaillierte Werbericht-

---

[35] "Der Bundesminister wird ermächtigt, im Einvernehmen mit den Bundesministern für Ernährung, Landwirtschaft und Forsten und für Wirtschaft durch Rechtsverordnung mit Zustimmung des Bundesrates, soweit es zum Schutz des Verbrauchers erforderlich ist, Vorschriften zur Durchführung der Verbote des Absatzes 1 zu erlassen, insbesondere
1. die Art, den Umfang oder die Gestaltung der Werbung durch bestimmte Werbemittel oder an bestimmten Orten zu regeln,
2. die Verwendung von Darstellungen oder Äußerungen von Angehörigen bestimmter Personengruppen zu verbieten oder zu beschränken." (§ 22(2) LMBG)

linien für den deutschen Markt aufgestellt, insbesondere für Filterzigaretten[36].

Ähnliche, in ihren Beschränkungen nicht ganz so weit gehende Gesetze gibt es quasi für alle legalen Drogen. Es existiert ein "Gesetz über Wein, Likörwein, Schaumwein, weinhaltige Getränke und Branntwein aus Wein" (Weingesetz), in dem sehr differenzierte Begriffsbestimmungen gegeben werden über Herkunft, Herstellung, Alkoholgehalt etc. der verschiedensten Weine oder aus Wein hergestellten Getränke. Es gibt eine Kaffeeverordnung, eine Verordnung über koffeinhaltige sowie für chininhaltige Erfrischungsgetränke, eine Verordnung über Kakao und Kakaoerzeugnisse etc.

Der Gesetzgeber hat durch die o.g. Gesetze die Voraussetzungen für den Schutz der Gesundheit der Verbraucher sowie den Schutz vor Irreführung und Täuschung geschaffen. Bei Zuwiderhandlung sind im Lebensmittel-Gesetz (§ 52-54 LMBG) und in den Verordnungen (für Tabak z.B. § 6 TabakVO) bestimmte Strafvorschriften vorgesehen. Die Kontrolle der Einhaltung obliegt zum einen der Lebensmittelwirtschaft selbst (in Form von betrieblichen Eingangs- Ausgangs- und Qualitätkontrollen), zum anderen der von den einzelnen Bundesländern (sehr unterschiedlich) gehandhabten Lebensmittelüberwachung. (Hierauf wird unten noch ausführlicher eingegangen.)

Die sog. Alltagsdrogen bzw. legalen Genußmittel werden demnach keineswegs beliebig und unkontrolliert vertrieben, hergestellt und konsumiert, sondern unterliegen einer Qualitätskontrolle, die den Erhalt der Gesundheit der Verbraucher - soweit

---

[36] vgl. Lips/Marr 1990:162; zur neueren Diskussion um eine Selbstbeschränkung bzgl. des Verkaufs von Tabakwaren in Automaten, vgl. die leider recht juristisch geratene Abhandlung von Hüffer (1990).

dies möglich ist - sicherzustellen versucht. Wohlwissend, daß Gesundheitsschädigungen durch unsachgemäßen bzw. exzessiven Konsum nicht zu verhindern sind, stellt sich die Bundesregierung bzgl. dieser legalen Genußmitteln auf den Standpunkt, daß eine Prohibition selbst dieses Mindestmaß an Produktkontrolle verhindern würde und die gesundheitlichen Schädigungen auf Grund dessen eher zunehmen würden (vgl. Bundesregierung 1974:1f.). Man betrachtet den Konsum von (legalen) Drogen demnach als ein gesundheitspolitisches, nicht als ein moralisches, geschweige denn strafrechtliches Problem. Die potentiell immer existierende Möglichkeit der Selbstgefährdung durch Drogenkonsum wird in diesem Fall als ein Grund- bzw. Bürgerrecht gehandhabt, "ausgehend von dem Grundsatz, daß gesetzliche Eingriffe auf das unbedingt erforderliche Maß zu beschränken sind" (Bundesregierung 1977:6).
"Keiner beabsichtigt, mündige Bürger zu gängeln und gesundheitsgerechtes Verhalten durch Gesetze oder Auflagen zu erzwingen (...) Es muß das Ziel sein, Einsicht und Kritik zu wecken (...) Die Maßnahmen werden ausgewogen sein müssen. Sie sollen auf dirigistische Einflüsse verzichten und das eigenverantwortliche Handeln stärken. Sie sollen überzeugen, nicht Zwang ausüben." (Bundesregierung 1974:11f.)
Wie wir wissen, läßt man solcherlei Argumente und Vorsätze für die heute illegalen Drogen nicht gelten, sondern reagiert gerade umgekehrt mit Gängelung, mit Erzwingung von Verhalten, mit dirigistisch-repressiven Maßnahmen und behandelt die Konsumenten dieser Drogen nicht wie mündige Bürger. Darüberhinaus entzieht man die illegalisierten Drogen jeglicher Produktkontrolle und macht sie damit gefährlicher, als sie an sich sind bzw. im Falle der Legalität und einer kontrollierten guten Qualität wären.

Bietet das Lebensmittelrecht einen Weg, die heute illegalen Drogen bzw. ihren Konsum so sicher zu machen, daß sie Alkohol und Nikotin gleichgestellt werden könnten?

1.3. Illegale Drogen als Genußmittel?

Wir haben oben Genußmittel dahingehend definiert, daß es sich um Substanzen handelt, die nicht zum Zwecke der Ernährung oder zum Zwecke der Linderung, Heilung oder Vorbeugung von Krankheiten verzehrt werden, sondern zum Zwecke des Genusses. Als Verzehren galt dabei das Essen, Kauen, Trinken, Rauchen, Schnupfen sowie jede sonstige Zufuhr von Stoffen in den Magen oder in die Lunge oder in die Nase. Zweifellos könnte diese Definition auch die heute illegalen Drogen erfassen. Während aber die legalen Genußmittel lebensmittelrechtlich geregelt werden, bestimmten Kontrollen unterliegen und der Konsument sachlich darüber aufgeklärt wird, welche Dosierungen er mit der jeweiligen Substanz zu sich nimmt, sind diese Kontrollen und Informationen im Falle der illegalen Genußmittel nicht gegeben. Der Verbraucher hat in der Regel keine Gewißheit, wieviel wirksame Substanz der erworbene Stoff enthält und er weiß auch nicht, welche Stoffe seiner Droge zugesetzt wurden. Qualitätskontrollen, Verbraucherinformationen, Warnhinweise, Dosierungsanleitungen etc. gibt es in der Illegalität nicht. Niemand kann für die Verunreinigung oder falsche "Auszeichnung" von Substanzen verantwortlich gemacht werden. Die Verbraucher werden mit ihren Konsumgütern in jeder Hinsicht allein gelassen. Die Illegalität ist zudem ein Grund dafür, daß immer neue, immer wirksamere, noch nicht verbotene Substanzen (Designerdrogen, s.o.) auf den Markt geworfen werden, die nicht einmal mit dem in der Illegalität entwickelten Gebrauchswissen gehandhabt werden können.

Das Lebensmittelrecht kann eine Möglichkeit bieten, zumindest diese Risiken und Ungewißheiten zu beseitigen. Diese Form der nicht-repressiven Kontrolle verspricht zwar nicht eine größere Kontrolle über den Konsumenten, aber doch über den Hersteller, den Vertreiber, den Händler und letztlich über die Qualität der Droge an sich. Kapitel II machte deutlich, daß viele Autoren der Meinung sind, die Gefahr der illegalen Drogen gehe nicht in erster Linie von den Substanzen selber aus, sondern vielmehr von den Bedingungen, unter denen sie konsumiert werden. Diese Bedingungen ändern sich mit der Einordnung dieser Substanzen ins Lebensmittelrecht erheblich, wahrscheinlich sogar grundsätzlich. Die Bedingungen ändern sich zudem für alle Konsumenten und nicht für eine selektive Gruppe, wie im Falle der Verschreibung oder Verabreichung illegaler Drogen.

Gleichwohl wird in der Literatur, aber auch bei Diskussionen immer wieder die Frage gestellt, ob eine Legalisierung der heute illegalen Drogen nicht zu einem Mehr an gesundheitlichen und sozialen Komplikationen sowie zu mehr Drogenabhängigen führen würde. D.h.: Bedeutet die Erweiterung der Palette legaler Drogen, daß mehr Drogen konsumiert werden und/oder, daß es dadurch zu quantitativ oder qualitativ größeren Problemen kommt?

Jacobs (1990:40ff.) prognostiziert größere Probleme, da die westlichen Kulturen grundsätzlich Alkohol-Kulturen seien. Daß nicht alle Gesellschaften gleich gut mit allen Drogen umgehen könnten, belegten die Beispiele der Nordamerikanischen Indianer sowie der Eskimos, deren Gesellschaften durch die Einführung des Alkohols erheblich geschädigt worden seien. Die Befürworter einer Legalisierung illegaler Drogen wollten nun die westlichen

Kulturen von einer Alkohol- in eine Poly-Drogen-Kultur transformieren, in der Hoffnung, die Menschen könnten ähnlich mit diesen "neuen" Drogen umgehen, wie sie es mit Alkohol über hunderte von Jahren gelernt hätten. Dies aber sei, so Jacobs (1990:41), nichts anderes als ein riesiges Experiment, dessen Ausgang einerseits nicht absehbar sei und welches andererseits, bei Mißlingen, nicht mehr rückgängig gemacht werden könne.

"Wenn die Hypothesen der Legalisierungs-Bewegung sich als falsch erweisen, dann ist es zu spät, um zum status quo ante zurückzukehren. Nach einer Periode, in der Millionen von Konsumenten Geschmack an den neuen Drogen gefunden haben, zur Prohibition zurückzukehren, wäre eine erschreckende Herausforderung." (Jacobs 1990:41; O.Z.13)

Darüberhinaus verneine eine Legalisierung alles, was man über die "propensity of people", also die Neigung der Menschen, wisse, sich stets chemische Lösungen zur Bewältigung der realen Probleme zu suchen.

Ähnlich hatte bereits Amendt (1989:21) argumentiert, als er meinte, daß alles darauf hindeute, daß sich die menschliche Anpassungsfähigkeit an den von Menschen geschaffenen und gesellschaftlichen Überbau erschöpft habe. Weil die dem menschlichen Körper innewohnende Körperchemie als Anpassungs- und Steuerungsmechanismus versagt habe, seien Leben und Arbeit nur noch zu ertragen und zu bewäligen durch chemische *Fremdsteuerung*.

Auch Stein-Hilbers (1980:32) meint, daß eine Freigabe illegaler Drogen eher eine Kapitulation vor und das sich Abfinden mit der Unveränderbarkeit sozialer Bedingungen darstelle. Die Befürworter einer Freigabe versuchten, so Stein-Hilbers, die Integration von Verhaltensweisen zu bewerkstelligen, die eigentlich einen Anlaß zur Kritik der Gesellschaft darstellen sollten. Sie bezeichnet daher ein solches Vorhaben mit dem Marcuseschen Begriff der *repressiven Toleranz*.

Die drei oben genannten AutorInnen gehen davon aus, daß die (westlichen) Gesellschaften bzw. ihre jeweiligen Bürger nicht in der Lage seien, mit Drogen sachgemäß umzugehen. Auch in zahlreichen Diskussionen über die Freigabe illegaler Drogen wird häufig vorgebracht, mit der Droge Alkohol habe man doch in unseren Gesellschaften bereits genug Probleme, wieso also auch noch andere Drogen freigeben.

Freilich sind solcherlei Einwände insoweit richtig, als eine Freigabe illegaler Drogen nicht die Gründe und Bedingungen eliminiert, die Menschen dazu veranlassen, Drogen zu konsumieren. Eine Legalisierung beseitigt auch nicht jene individuellen und/oder gesellschaftlichen Dispositionen, die dazu führen können, daß Menschen Drogen exzessiv gebrauchen, sich selber durch unsachgemäßen Konsum gesundheitlich oder sozial schädigen und nicht zuletzt abhängig werden (vgl. Senger 1990:39; Johns 1990:18). Drogenkonsum, Rausch und Abhängigkeit von den unterschiedlichsten Drogen wird es weiterhin geben, darüber will diese Abhandlung nicht hinwegtäuschen.

Folgendes muß allerdings berücksichtigt werden: Zum ersten ist Drogenkonsum nicht per se negativ. Die Einnahme von Drogen hat, ebenso wie sie negative Komponenten aufweist, auch positive Aspekte. Im Zusammenhang mit den heute legalen Substanzen sind uns diese ambivalenten Aspekte bekannt: Der Alkohol, der uns geselliger, lustiger, gesprächiger etc. machen kann, durch den aber zur selben Zeit auch eine starke körperliche Abhängigkeit möglich ist, der unseren Organen irreversible Schädigungen beizubringen vermag und der ebenso, wie er die Hemmschwelle zur Kontaktaufnahme beeinfussen, auch die Hemmschwelle hin zur Gewalt herabsetzen kann. D.h. der Konsum psychoaktiver

Substanzen birgt zumindest potentiell immmer beide - negative und positive - Wirkungen in sich. Dies gilt für die illegalen wie für die legalen Drogen gleichermaßen.

Zum zweiten muß ein Mehr an Drogenkonsum nicht bedeuten, daß es auch zu mehr Gesundheitsschädigungen und/oder Todesfällen kommt. Denn wie oben bereits deutlich geworden ist (Seidenberg), entscheiden die Bedingungen des Konsums maßgeblich über dessen Folgen. Bei der Konzeption eines Genußmittelmodells wird daher darauf zu achten sein, daß der Konsum psychoaktiver Substanzen mit einem Höchstmaß an Qualitätssicherheit und Verbraucherinformation versehen wird. Es ist anzunehmen, daß diese beiden Voraussetzungen entscheidend dazu beitragen, daß ungewollte Schädigungen und Todesfälle auf das absolute Minimum reduziert werden. Berücksichtigt man zudem, daß sich die heute illegalen Substanzen im Grad ihrer Gefährlichkeit z.T. noch unterhalb dem der heute legalen Drogen befinden, so ist eher mit einer Abnahme der gesundheitlichen Schädigungen oder gar Todesfälle zu rechnen und nicht mit deren Zunahme. Darüberhinaus könnte eine (auch) gesundheitspolitische Normalisierung im Drogenbereich eine bessere und zudem freiwillige gesundheitliche und ärztliche Versorgung der Konsumenten erlauben, und damit auch eine früher einsetzende und effektivere (in ihrer Finanzierung abgesicherte) Behandlung eventueller Schädigungen.

Zum dritten bedeutet ein Mehr an legalen Drogen oder auch ein Mehr an Drogenkonsum bzw. Drogenkonsumenten nicht automatisch, daß sich die Zahl der Abhängigen vergrößert. Denn bei der Frage nach dem Mehr an Abhängigen darf nicht nur der quantitative Aspekt betrachtet werden, sondern es sind auch die qualitativen Veränderungen im Zusammenhang mit einer nicht-prohibitiven Drogenpolitik zu berücksichtigen. Die Frage nach der

freigabe-bedingten quantitativen Vergößerung der Abhängigenzahl im Bereich der heute noch illegalen Substanzen kann lediglich hypothetisch angegangen werden. Eine Sicherheit bei der Beantwortung dieser Frage gibt es nicht. Gleichwohl lassen sich einige Indizien anführen. Ein richtungsweisendes Beispiel ist hierbei das *holländische Modell*. Hess (1989b:28) erklärt, daß es in den Niederlanden, trotz einer weitgehenden Entkriminalisierung der Cannabis-Konsumenten, nicht zu einem Anstieg der dortigen Konsumentenzahlen gekommen sei. Für den Bereich der Heroin-Gebraucher belegt Reeg (1989:33), daß die konsumenten-orientierte Lockerung der niederländischen Drogen-Politik zu einer Abnahme der Abhängigen-Zahl geführt habe. Waren 1982 noch 12.000 niederländische Opiatabhängige registriert, so lag ihre Zahl im Jahre 1989 nur noch bei 7.000. Zudem sei das durchschnittliche Alter der Abhängigen von 26 Jahren (1981) auf 30 Jahre (1987) gestiegen (vgl. auch Rüter 1988; Schmidt-Semisch 1990a:135). Die Reduzierung der Abhängigen-Zahlen in Holland im Zusammenhang mit einer entkriminalisierenden Drogen-Politik, läßt sich mit Kaplan (1985) z.T. wohl auch auf den nun fehlenden *thrill* beim Drogenkonsum zurückführen.
"Wenn Konsumenten die Droge aufgrund des Schauers, eine 'verbotene Frucht' zu genießen, bevorzugen oder weil sie Lust verspüren, den gesellschaftlichen Gesetzen zu trotzen, dann verlieren sie möglicherweise das Interesse an frei-verfügbarem Heroin." (Kaplan 1985:112; O.Z.14; vgl. auch Stevenson 1986:1269; Marks 1987)
Zudem ist mit Reeg (1989:35) davon auszugehen, daß die Begleitumstände einer Freigabe entscheidenden Einfuß auf Anstieg oder Abnahme der Konsumenten- und Abhängigen-Zahlen haben. Die gestiegene Zahl der Alkohol-Konsumenten in den USA - nach der Aufhebung der Prohibition (1933) - sei vor allem darauf

zurückzuführen, so Reeg, daß für Alkohol-Produkte in großem Stil geworben werden durfte. Es wird daher bei der Konzipierung eines Genußmittel-Modells zu überlegen sein, wie und ob man dieser Gefahr begegnen kann. Bülow (1989a:15) meint, daß es während der Übergangsphase von der Illegalität zur Legalität der Substanzen zu einer ansteigenden Zahl von Abhängigen kommen könne, welche dann allerdings unter gänzlich anderen Bedingenungen abhängig seien (ähnlich auch Mugfort 1989:13). Damit sind wir bei den qualitativen Veränderungen der Freigabe angelangt, die beim Nachdenken über eine befürchtete steigende Abhängigkeit berücksichtigt werden müssen. Es ist anzunehmen, daß sachliche Aufklärung und Information über die jeweiligen Drogen dazu beiträgt, daß die Konsumenten vorsichtiger und sachkundiger mit den Substanzen umgehen als in der heutigen unaufgeklärten illegalen Konsumsituation. Das Konsummuster des kontrollierten nicht-abhängigen Gebrauchs wird in einer legalen Situation überhaupt erst diskutier- und damit auch erlernbar. Nach Zinberg (1979:308) sowie Harding (1982:1225) entscheidet sich die Frage, ob eine Person abhängig wird oder einen kontrollierten Gebrauch betreibt, nicht an der Verfügbarkeit der jeweiligen Substanz oder gar deren Pharmakologie, sondern vielmehr in erster Linie im soziokulturellen Bereich. Es ist von großer Bedeutung, ob der jeweilige Konsument Verbindung zu Gruppen oder Personen hat, die die Droge kontrolliert benutzen. Denn neben der sachlichen Information über die Substanzen erlernt und entwickelt der Konsument im Dialog mit anderen Konsumenten bestimmte Gebrauchs-Regeln und -Normen, die einen kontrollierten Drogenkonsum ermöglichen und unterstützen. Diese Regeln betreffen alle Handlungen und Umstände des Konsums: Menge, Applikationsart, Örtlichkeiten des Konsums, Aktivitäten vor, während und nach der Drogen-

einnahme etc. (ausführlicher Schmidt-Semisch 1990a:154ff.).
Zusammengefaßt bedeutet dies die Ermöglichung einer Integration der legalisierten Drogen in den Alltag der Gebraucher sowie der Herausbildung verschiedener *Drogen-Kulturen*, die über die sachliche Information in Bezug auf die Substanzen hinaus, eine kommunikative und interaktive (gesellige) Sicherheit beim Gebrauch von Drogen bieten können. Eine an solchen Aspekten orientierte Politik wird freilich nicht alle negativen Aspekte von Drogenkonsum verhindern, aber es ist doch eine Politik, für die Hess (1990) berechtigterweise plädiert, es ist "Drogenpolitik als Kunst des Möglichen".

Ein weiterer Aspekt des Themas *Abhängigkeit* soll hier kurz erörtert werden. Das Bild des Abhängigen, welches heute die Öffentlichkeit bewegt, ist das Bild desjenigen Drogen-Konsumenten, der auf Grund der Illegalität alles unternehmen muß, um seine Drogen (illegal) zu erwerben. Er setzt sich nicht nur der Strafverfolgung nach dem BtmG aus, sondern durch die notwenige Beschaffungskriminalität auch zahlreichen anderen Strafverfolgungsansprüchen. Sein ganzes Leben ist von Verfolgung, dem Zwang zur Begehung von Straftaten, Zwangstherapien, Gefängnisaufenthalten etc. geprägt. Der sozial und gesundheitlich verelendete Fixer ist vor allem das Produkt dieser Bedingungen, keineswegs dagegen seiner Drogenabhängigkeit als solcher.

Abhängigkeit allerdings ist *mehr* als dieses medienwirksame Bild des Fixers. Abhängigkeit ist dem menschlichen Leben bzw. der menschlichen Natur quasi immanent. Für fast jedes Individuum gibt es, so Stein-Hilbers (1985:95ff.), *ritualisierte Handlungen*, die einerseits Bestandteil des Alltagslebens sind und die andererseits zu Dispositionen führen können, die im allgemeinen den sog. Drogenabhängigen zugeschrieben werden, wie etwa der Zwang zur kurzfristigen Bedürfnis-Befriedigung, die Einengung der

Erlebnis- und Wahrnehmungsvielfalt, die Verhinderung von Aktivität und Kreativität.
"Für die meisten Individuen scheint es Tätigkeiten und/oder Substanzen unterschiedlichster Art zu geben, die von ihnen eingesetzt werden, um
a) spezifische Stimmungen/Gefühlslagen zu erzeugen und/oder
b) emotionale Spannungen zu überdecken, zu verdrängen oder auch aufzulösen.
(...) Welcher Art diese Tätigkeiten/Substanzen sind, ist individuell verschieden und abhängig von lebensgeschichtlichen Erfahrungen, subkulturellen Gewohnheiten und nicht zuletzt dem Geschlecht. Nahezu jede Tätigkeit und jede Substanz kann in dieser Weise eingesetzt werden (...) Der Konsum psychoaktiver Stoffe aller Art paßt sich in dieses Spektrum ein." (Stein-Hilbers 1985:100; ähnlich auch Peele 1977:113ff.)
Wenn Abhängigkeit also ein recht menschliches und damit quasi auch ein "normales" Verhalten der Individuen unserer Gesellschaften ist, dann stellt sich die Frage, warum eine solche bei der Debatte um die Freigabe illegaler Drogen immer wieder als Schreckensbild gemalt wird. Man könnte sich z.B. fragen, was einen Konsumenten der heute illegalen Drogen unterscheidet von denjenigen, die zwei bis drei Schachteln Zigaretten täglich rauchen oder mehrere Liter Kaffee oder alkoholische Getränke zu sich nehmen. Diese Doppelmoral der herrschenden Drogenpolitik ist allerdings schon häufig thematisiert worden (vgl. nur Quensel 1982:23-44), so daß hier nicht noch einmal darauf eingegangen werden muß. Wichtiger ist m.E. die Tatsache, daß die meisten heute illegalen Drogen in ihrem Abhängigkeitspotential keineswegs bedrohlicher sind, als die heute legalen Genußmittel. Eine Ausnahme bilden lediglich die Opiate, die zwar stark abhängig machen können, wobei sich aber eine Abhängigkeit von diesen

Substanzen medizinisch weitaus unproblematischer gestaltet, als eine körperliche Abhängigkeit von z.B. Alkohol (vg.z.B. Grimm 1985:103).
Welchen Sinn hat es also, die Abhängigkeit bzw. den Anstieg der Abhängigen-Zahlen im Falle einer Legalisierung überhaupt in den Vordergrund spielen? Wenn es richtig ist, daß quasi für alle Menschen bestimmte Tätigkeiten und/oder Substanzen existieren, die sie in bestimmten Situationen bzw. zur Bewältigung bestimmter Situationen (mehr oder weniger zwanghaft) ausführen bzw. gebrauchen, dann ist die Frage der Tätigkeit und/oder Substanz eine Frage der Wahl des einzelnen. Wie seine Wahl ausfällt, entscheidet sich, wie Stein-Hilbers zu recht ausführt, an lebensgeschichtlichen Erfahrungen, subkulturellen Gewohnheiten etc. Man könnte die These formulieren, daß es ein bestimmtes Budget an Personen in einer Gesellschaft gibt, die dazu neigen, bestimmte Situationen, Konfliktlagen etc. mit Hilfe von Substanzen zu meistern und daß es zudem eine Budget an Personen gibt, bei denen sich der Konsum solcher Substanzen zwanghafter gestaltet als bei anderen. Wenn diese Budget-These richtig wäre, was vom Autor z.Z. noch nicht beweisbar ist, dann gäbe es in jeder Gesellschaft ein gewisses Kontingent an Personen, die abhängig bzw. abhängigkeits-gefährdet wären. Daraus ließe sich wiederum die These ableiten, daß es durch eine Legalisierung der heute illegalen Drogen allenfalls zu einer Verschiebung der Verteilung der abhängigen Personen auf die verschiedenen Substanzen kommen würde. Die Gesamtzahl der Abhängigen von psychoaktiven Substanzen bliebe gewissermaßen konstant.
Die letzteren Ausführungen sollten lediglich noch einmal verdeutlichen, daß in den Überlegungen dieser Abhandlung nicht versucht werden soll, problematischen Drogenkonsum oder Drogenabhängigkeit grundsätzlich zu eliminieren. Ein solcher

Anspruch erschiene vermessen und wäre wohl auch unrealistisch. Worum es bei dem zu konzipierenden Genußmittel-Modell vorrangig geht, ist die Verbesserung von Information und Aufklärung für die Konsumenten sowie die garantierte gute Qualität der Substanz. Diese Veränderungen, die notwendig verbunden sind mit dem Wegfall aller anderen konsumenten-feindlichen Bedingungen der Illegalität (Strafverfolgung, Inhaftierung Beschaffungskriminalität, schlechte medizinische Versorung auf Grund von Angst oder fehlendem Versicherungsschutz etc.), geben Anlaß zu der Annahme, daß sich die Probleme der Genußmittel-konsumierenden Bevölkerung in gesundheitlicher und sozialer Hinsicht erheblich reduzieren. Ein Anstieg der Abhängigen-Zahlen ist nach den Ergebnissen des holländischen Modells unwahrscheinlich. Die Drogenpolitik der Niederlanden deutet eher auf eine Abnahme der Abhängigen- und Konsumenten-Zahlen hin. Gleichwohl ist eine sichere Prognose an dieser Stelle nicht leistbar. Fest steht dagegen, daß es keiner Gesellschaft, gleich welche Drogen-Politik sie betreibt, gelingen wird, den Genuß von psychoaktiven Substanzen, den problematischen Umgang mit ihnen und nicht zuletzt auch Abhängigkeit vollständig zu eliminieren. Vor dem Hintergrund dieser gesellschaftlichen Tatsachen, die man mit einigem Recht als unveränderlich betrachten kann, könnte das hier zu konzipierende Genußmittel-Modell den größtmöglichen Schutz vor ungewollten Schädigungen, unsachgemäßem Gebrauch und Abhängigkeit bieten. Eine solche Politik ist weder eine Kapitualation vor der Unveränderbarkeit gesellschaftlicher Bedingungen des Drogen-Konsums (Stein-Hilbers 1980) noch repressive Toleranz. Es ist eine "Drogenpolitik als Kunst des Möglichen", die so weit wie eben möglich sowohl die Konsumenten als auch die Gesellschaft vor unnötigen Schädigungen schützt.

Ebenso wie es für die heutigen Genußmittel Gesetze und Verordnungen gibt, könnte es derlei auch für die heute illegalen Drogen bzw. Genußmittel geben: z.B. eine Cannabisverordnung, ein Gesetz über Opium und seine halbsynthetischen Derivate (Heroin, Morphin etc.), ein Gesetz über halluzinogene Substanzen (LSD, Peyote, Meskalin etc.), ein Gesetz über Koka, Kokain und Crack, etc.pp. Man könnte sich auch einen eigenem Abschnitt über den Verkehr mit psychoaktiven Substanzen im LMBG vorstellen, wie er heute für Tabak existiert, wobei es für jede Drogenart noch eine eigene Verordnung gäbe, in der die erlaubten und verbotenen Zusatzstoffe, bestimmte Kenntlichmachungspflichten, Warnhinweise etc. geregelt würden.

Wie solche gesetzlichen Regelungen und Verordnungen inhaltlich ausgestaltet werden könnten, zeigen die weiteren Ausführungen dieses Kapitels.

2. Inhaltliche Ausgestaltung eines lebensmittelrechtlichen Modells

2.1. Welche Drogen freigeben?

Die Frage, welche Drogen man freigeben sollte, muß nach zwei Gesichtspunkten angegangen werden. Zum einen ist es die Frage, welche Substanzen man freigeben will. Zum anderen muß man überlegen, in welchen Dosierungen die einzelnen Substanzen auf dem freien Markt erhältlich sein sollen.

Welche Substanzen?
Überlegt man, welche Substanzen man freigeben sollte, muß man nach den Kriterien suchen, die man bei der Beantwortung dieser Frage zu Grunde legen will. Verschiedene Kriterien der Entscheidungsfindung sind denkbar:
a) *Gefährlichkeit und Gesundheitsschädigung*: Die Frage der Gefährlichkeit und Gesundheitsschädigung wurde bereits bei der Diskussion über die Legalisierung von Cannabis Ende der 70er und Anfang der 80er Jahre als bedeutsam angesehen. Damals versuchte man nachzuweisen, daß Cannabis gegenüber anderen illegalen Drogen sehr harmlos und eher mit Tabak oder Alkohol vergleichbar sei. Die nachgewiese Ungefährlichkeit bzw. die nicht nachweisbare Gefährlichkeit von Cannabis-Produkten führte zu der Legalisierungsforderung gegenüber dieser Substanzen (vgl. z.B. Eisenbach-Stangl/Pilgram 1980; NORML 1980; Arnao 1980 u.v.a.). Jüngst hat Kreuzer (1989) diese Argumentation wiederholt, als er meinte, lediglich eine Legalisierung von Cannabis sei dem heutigen Wissensstand angemessen, während man sich mit der Legalisierung anderer illegaler Substanzen (noch)

zurückhalten solle.

In letzter Zeit gibt es allerdings für alle illegalen Drogen Entwarnungen bzw. Entdramatisierungen ihrer jeweiligen Gefährlichkeit. So werden Opiate in guter, sauberer und einschätzbarer Qualität zunehmend als relativ unproblematisch angesehen.

"Es gibt keinen Beweis dafür, daß Opiate Schädigungen des organischen, zentralen Nerven-Systems verursachen oder andere Krankheiten, auch nicht nach jahrzehntelangem kontinuierlichen Gebrauch (...) Untersuchungen der wenigen Heroin- und Morphin-Abhängigen, die der Mittel-Klasse entstammen und die entweder legal oder illegal mit Opiaten versorgt wurden, bestätigen dies. Sie deuten darauf hin, daß solche Abhängigen an keinerlei gesundheitlichen Problemen leiden, die nicht auch von der übrigen allgemeinen Bevölkerung geteilt werden." (Kaplan 1985:128; O.Z.15; vgl. auch Harding 1982; Scheerer 1983:14; Grimm 1985:100-109; Singhartinger 1987:114; Schmidt-Semisch 1990a:40-45; Böllinger u. Quensel, zit. in: Weser Kurier vom 11.9.1990)

Zur Entdramatisierung der Substanzen Koka, Kokain und Crack hatten, wie in Kapitel I bereits dargestellt, z.B. Voigt (1985), Trebach (1990), Gieringer (1990), Goldstein u.a.(1990), Rosenthal (1990) und Kappeler (1991a) beigetragen; zu der Gefährlichkeit von Halluzinogenen siehe überblicksweise Scheerer (1989).

Bei allen diesen illegalen Drogen wird in der Literatur darauf hingewiesen, daß die Gefährlichkeit und Schädlichkeit dieser Substanzen in erster Linie von den Konsumbedingungen abhängig ist. Die Illegalität wird stets als das größte Hindernis eines (relativ) unproblematischen Konsums betrachtet. Die sozialbedingte Schädlichkeit (d.h. durch die Bedingungen der Illegalität) wird als gravierender erachtet, als die eigentliche pharmakolo-

gisch-bedingte Gefährlichkeit. Von der pharmakologischen Gefährlichkeit her sind die illegalen Drogen ebenso, wenn nicht gar weniger gesundheits- und sozial-schädlich als ihre legalen Verwandten. Zudem muß an dieser Stelle die alte Weisheit angeführt werden, die bereits Paracelsus (1493-1541) erkannt hatte:
"Alle ding sind gifft und nichts ohn gifft, allein die dosis macht das ein ding gifft ist." (Zit.bei Leu 1984:5)
Heute wird aus den illegalen Genußmitteln nur allzuleicht Gift allein deshalb, weil die Verbraucher über die Zusammensetzungen und Wirkstoffgehalte ihrer Substanzen und damit über die Dosis, die sie zu sich nehmen, in der Regel nicht informiert sind.
Darüber hinaus ist es die Frage, inwieweit das Kriterium der Gefährlichkeit überhaupt trägt, manifestiert sich doch diese Gefährlichkeit in der Regel in der Selbstschädigung der Konsumenten, die als das Recht eines jeden Menschen gelten kann (vgl. Kap. II.3.).
Aber selbst, wenn man dieses Gefährlichkeits-Kriterium gelten ließe, müßte man alle illegalen Drogen freigeben, denn sie bergen im Falle des legalen Konsums keine Gefahren, die in ihrer Bedeutung über die der legalen Genußmittel hinausragen.
b) *Abhängigkeit*: Neben den behaupteten Gesundheitsschädigungen, die häufig gegen eine Legalisierung vorgebracht werden, wird vor allem das angebliche Abhängigkeitspotential, das den heute illegalen Drogen immanent sei, als Gegenargument angeführt. Nun ist dieses Kriterium der Abhängigkeit bzw. des Abhängigkeitspotentials aber das verschwommenste Kriterium. Ist Abhängigkeit ein Potential der Drogen, wie es in der Literatur häufig dargestellt wird, oder müßte man eher Schenk (1975:83ff.) Recht geben, der meint, daß eine Droge nicht die Eigenschaft besitze, abhängig zu machen. Vielmehr sei Abhängigkeit eine

mögliche Reaktion der jeweiligen Individuen auf die unmittelbare Wirkung der Droge hin (vgl. auch Szasz 1978:106). Daß diese Überlegungen eine starke Berechtigung haben, beweist die Tatsache, daß eine sehr große, wenn nicht gar die größte Zahl der Konsumenten illegaler Drogen (gerade auch der sog. *harten Drogen*: Kokain und Heroin) einem kontrollierten Konsum nachgehen (vgl.Kap.II.3.). Eine körperliche Abhängigkeit von Cannabis und Halluzinogenen (LSD, Meskalin, Peyote etc.) ist nicht nachgewiesen worden. Die körperliche Abhängigkeit von Kokain (sog. Kokainismus) wird ausgesprochen selten erwähnt, eine opiatähnliche Abhängigkeit von Kokain in der Regel verneint (z.B. Gunkelmann 1989a:358). Die Opiate bilden somit die einzige Kategorie illegaler Drogen, bei der es zu einer körperlichen Abhängigkeit in größerer Zahl kommen kann. Diese körperliche Abhängigkeit von Opiaten ist allerdings unter medizinischen Gesichtspunkten ungefährlich (vgl.z.B. Grimm 1985:103).

Betrachten wir nun die legalen Genußmittel. Kontrollierter Nikotinkonsum ist sehr selten, vielleicht seltener als kontrollierter Opiatkonsum; und auch Alkohol kann körperlich stark abhängig machen. Würde man also eine potentielle Abhängigkeit von einem Genußmittel zum Kriterium einer Legalisierung machen, so müßte man entweder alle Drogen und Genußmittel legalisieren oder alle gleichermaßen verbieten. Da man mittlerweile weiß, wie verheerend sich Verbote, gerade auch Alkoholverbote auf die Konsumenten auswirken (vgl.z.B. Vogt 1989a:61ff.), kommt eine Prohibition nicht in Betracht, auch wenn Einschränkungen der Legalität in neuerer Zeit für Alkohol und Nikotin vermehrt wieder gefordert werden (vgl. z.B. Kreuzer 1989; Christie/Bruun 1991 u.a.).

c) *Wirkung auf das Individuum:* In Diskussionen wird der

Freigabe einzelner Drogen häufig mit dem Argument entgegengetreten, diese bewirkten Aggressionen, Bereitschaft zur Gewaltanwendung etc. Häufig wird auch z.b. mit der Droge Heroin assoziiert, sie mache kriminell, ohne zu erkennen, daß diese Kriminalität zu einem Großteil auf die Illegalität der Droge zurückzuführen ist und keineswegs auf die Droge an sich. Andererseits findet man oft die Annahme, Drogen machten grundsätzlich schlapp, schwächten Kreativität und Produktivität etc. (z.B. Kielholz/Ladewig 1972 sowie 1973; Täschner 1979 u.a.).

Alle diese Annahmen und Behauptungen sind freilich nicht völlig abwegig. Nur die Personen, an denen man solcherlei Symptome (wissenschaftlich) feststellte, waren meist diejenigen, die man (zwangsweise) in die Kliniken der Psychiater oder in ein Gefängnis einliefert hatte. Menschen,
"die wer weiß wie oft von ihren Eltern verstoßen und von der Polizei aufgegriffen, von Freiern benutzt und von Straßenhändlern mit unreinem Heroin betrogen, die in Zwangstherapien gedemütigt und noch in den Gefängnissen diskriminiert wurden, die sich jahrelang das unsterile Spritzbesteck mit anderen Süchtigen teilten und ihre Krankheiten nicht behandeln lassen konnten, weil sie weder versichert waren, noch sich zum Arzt überhaupt zu gehen trauten - menschlicher Abschaum, Ausstoß, vielfach an den Rand des Todes getriebene oder in den Tod getriebene." (Scheerer 1986a:111)

Wer so von seinen nächsten Verwandten und Bekannten sowie von der Gesellschaft behandelt wird, dem wird seine Umwelt gleichgültig. Gewalt, *No-Future- und Null-Bock-Denken* sind auch die Folgen der prohibitiven Drogenpolitik.

Drogenwirkungen zu generalisieren ist darüberhinaus grundsätzlich ein unmögliches Unterfangen. Um dies zu erkennen, reicht ein Blick in unseren heutigen legalen Drogenalltag. Es gibt sicherlich Menschen, die nach dem Genuß von einigem Alkohol aggressiv werden; es gibt andere, die nach dem Alkohol-Genuß müde werden und einfach einschlafen; wieder andere Personen werden gesprächig, gesellig, lustig etc. Ähnlich unterschiedliche Wirkungen treten, allerdings in nicht so extremer Form, auch nach dem Genuß von Koffein auf (vgl. nur Eichler 1976:65-170). Die Wirkungen der legalen Drogen sind also bei verschiedenen Menschen verschieden. Für die heute noch illegalen Substanzen gilt grundsätzlich dasselbe. Auch bei diesen unterscheiden sich die Wirkungen von Individuum zu Individuum, sind abhängig von *set* und *setting* etc. Es gibt Personen, die mit ihrer Droge verantwortungsvoll bzw. kontrolliert umgehen und solche, die sich einfach *volldröhnen* wollen, solche, die mäßig aber regelmäßig konsumieren, und solche, die selten, dann aber exzessiv Drogen zu sich nehmen. Die Wirkungen des Drogenkonsums auf das Individuum und sein Sozial- und Arbeitsverhalten sind u.a. auch auf solche Konsummuster zurückzuführen. Jeder Drogenkonsum, ob von Alkohol und Nikotin oder von heute illegalen Drogen, kann zu unangenehmen Situationen, Motivationsverlust etc. führen, aber ebenso entgegengesetzte Wirkungen entfalten, wie Entspannung, Kreativität, Bewußtseinserweiterung, Geselligkeit u.s.w.

Im weiten Spektrum der jeweiligen Drogenwirkungen unterscheiden sich also die heute legalen nicht wesentlich von den heute illegalen psychoaktiven Substanzen. Auf diese Wirkungen Ausschlußkriterien für eine Freigabe bestimmter Stoffe aufzubauen, kommt daher nicht in Betracht.

Zusammenfassend heißt dies, daß die Kriterien Abhängigkeit, Schädlichkeit bzw. Gefährlichkeit sowie die der jeweiligen individuellen Wirkung einer Droge bedeuten, daß man entweder alle Genußmittel erlauben oder alle Genußmittel verbieten muß. Für unseren Zusammenhang bedeutet dies, daß diese Kriterien keine Droge von der Legalisierung ausschließen.

Welche Applikationsformen und Dosierungen?

Im Anschuß an viele andere Autoren konnte das Ergebnis formuliert werden, daß die Art und Weise sowie die Bedingungen des Konsums von psychoaktiven Substanzen diejenigen Aspekte sind, die den Grad der Gefährlichkeit und Schädlichkeit maßgeblich beeinflussen. Es wurde deutlich, daß das Wissen um den Reinheitsgrad der jeweiligen Droge und um die der jeweiligen Applikation angemessenen Techniken und Vorsichtsmaßregeln Gefährdungen sehr stark einschränken kann. Selbst hoch konzentrierte Substanzen können bei sachgerechter Applikation relativ gefahrlos konsumiert werden. Um ein Ausweichen auf den schwarzen Markt und damit (wiederum) auf unkontrollierte Substanzen zu vermeiden, ist es notwendig, allen Konsum- und Applikationsbedürfnissen der Konsumenten Rechnung zu tragen. Seidenberg[37] z.B. will in seinen Konsumläden (s.o.) möglichst alle zu verabreichenden Drogen in allen möglichen Formen abgeben. Er ist der Meinung, daß alle Drogen auf jeweils mehrere verschiedene Arten appliziert werden (können), wobei die einzelnen Applikationsformen sich in ihrer Problematik unterscheiden. Das Schlucken sei grundsätzlich die unproblematischste Form der Einnahme, gefolgt vom Schnupfen der Substanzen;

---

[37] Vortrag auf dem 4.Internationalen Kolloquium der Wissenschaftlichen Einheit Kriminalpolitikforschung "Legalisierung von Heroin - Die neue Debatte" am 3.Mai 1991 an der Universität Bremen

problematischer sei das Rauchen von Drogen und die gefährlichste Variante der Applikation bilde das Injizieren. Gleichwohl hätten die verschiedenen Konsumenten sehr unterschiedliche Applikations- bzw. Konsumbedürfnisse, denen man gerecht werden müsse, um ein Abwandern auf den schwarzen Markt zu verhindern.

Bei der Überlegung bzgl. der Dosierungen spielt die Frage der Applikation eine entscheidende Rolle, unterscheiden sich doch die Drogenwirkungen je nach Applikation in Dauer, Eintrittsgeschwindigkeit und Intensität. Nicht nur die Dosis ist also wichtig, sondern auch die Art und Weise, in der diese Dosis dem Körper zugeführt wird.

Wenn man mit Seidenberg davon ausgeht, daß alle Drogen in allen Applikationsvarianten hergestellt werden können, also schluckbar, schnupfbar, rauchbar und spritzbar, dann bieten sich (vor allem für eine Übergangszeit von der Illegalität bis zur vollständigen Angleichung der heute illegalen Substanzen an die Handhabung von Tabak und Alkohol) diverse Möglichkeiten zu einer Abstufung der unmittelbaren Zugänglichkeit zu den Substanzen für die Kosumenten.

Hess (1990:70 sowie 1991:48) und Alexander (1990:7) schlagen z.B. die Einführung leichterer Formen der jeweiligen Substanzen vor. Zu denken ist hierbei etwa an eine Rückkehr zur Coca Cola in der Zusammensetzung vor 1906, als dieses Getränk noch beide Substanzen enthielt, denen es seinen Namen verdankt, d.h. Coca (Kokain) und Cola (Koffein). Es wäre auch zu denken an leichte opiathaltige Getränke, cannabishaltige Kekse oder an leichte Cannabis-, Heroin- und Kokain-Zigaretten. Bedenkenswert ist auch die Herstellung von Tee-Sorten bzw. Tee-Mischungen, die natürliche Genußmittel, wie etwa Coca oder Marihuana enthalten. Alle diese leichten Genußmittel ließen sich problemlos herstellen

und könnten von den Konsumenten weitgehend gefahrlos konsumiert werden, wie andere Stimulantien auch (vgl. Hess 1991:48f.). Neben Verordnungen über koffein- oder chininhaltige Erfrischungs-Getränke, würde man dann möglicherweise eine Verordnung über kokainhaltige Erfrischungs-Getränke installieren, die Aussagen über Höchst- und Mindestwerte bestimmt sowie über Kennzeichnungspflichten etc.
Höhere Dosierungen der jeweiligen Drogen könnten in Form von Sirup oder Tabletten vertrieben werden, bei denen vor allem die Applikationstechnik (schluckbar!) relativ unproblematisch bliebe. Sirup und Tabletten könnten mit unterschiedlichen Wirkstoff-Gehalten hergestellt und vertrieben werden. Ebenso könnte man schnupfbares Kokain und Heroin in unterschiedlichen Dosierungen produzieren.
Als letzte Stufe wäre auch der Vertrieb und Verkauf von unterschiedlichen Wirkstoffkonzentrationen injizierbaren Heroins und Kokains möglich. Durch genaue und sachliche Kenntlichmachungen und Warnhinweise ließen sich Überdosierungen und unsachgemäßer Gebrauch weitgehend, aber freilich - ebenso wie bei Nikotin und Alkohol - nicht vollständig ausschließen.
Auch wenn alle diese Möglichkeiten bestehen, stößt man auf zwei grundsätzliche Probleme, die nicht ganz so einfach geklärt werden können. Das erste ist ein rechtliches. Bis zum gegenwärtigen Zeitpunkt ist das Injizieren von Genußmitteln in der Begrifflichkeit des Verzehrens im Lebensmittelrecht nicht vorgesehen, so daß der Verkauf von injizierbarem Heroin oder Kokain gesetzlich nicht gedeckt wäre. Dies ließe sich freilich durch eine schlichte gesetzliche Änderung herbeiführen. Es ist aber zu überlegen, ob man diese (gefährlichste) Applikationsart (vor allem während einer Übergangsphase von der Illegalität zur Legalität) nicht eher z.B. im Arzneimittelgesetz regelt, in dem diese Technik bis heute

geregelt ist. Man könnte injizierbare Drogen, die man dann auch hochprozentig abgeben könnte, grundsätzlich apothekenpflichtig machen, was nicht bedeuten würde, daß sie von einem Arzt verschrieben werden müßten. Gleichzeitig könnten diese Substanzen allerdings verschreibungsfähig sein und damit auch als Medikament Anwendung finden[38]. Das würde praktisch bedeuten, daß alle Drogen in allen Wirkstoffkonzentrationen und allen Applikationsformen zugänglich wären, daß man aber die hohen Wirkstoffkonzentrationen in der Art des Zugangs von den leichteren (wenn auch vielleicht nur symbolisch) absetzt, in dem man sie eben in einer Apotheke erwerben muß. (Auf den Ort des Verkaufs von Drogen wird im folgenden Kapitel 2.2. ausführlicher eingegangen.)

Mit den letzten Ausführungen ist das zweite Problem bereits angeschnitten, nämlich das, ob und wo man den Dosierungen, d.h. den Wirkstoffkonzentrationen der einzelnen Substanzen eine Grenze setzen will. Diese Frage ist in der Tat schwer zu beantworten. Zum einen erscheint es sinnvoll, bestimmte Grenzen zu setzen, um eine für das jeweilige Individuum gefährliche Dosierung zu vermeiden. Andererseits könnten diese Grenzziehungen einen Anlaß bieten, starke Konzentrationen dann wiederum auf einem schwarzen Markt (mit den bekannten Gefahren) anzubieten. Vielleicht könnte man der Gefahr der problematischen Dosierungen - die im übrigen ja auch beim Konsum heute legaler

---

[38] Fast alle illegalen Drogen haben eine lange Geschichte als Medikamente. Allerdings hat die Total-Prohibition der meisten Substanzen dazu geführt, daß diese nicht einmal mehr in der Medizin zu ihrem durchaus indizierten Gebrauch genutzt werden können. Die Verschreibungsfähigkeit von Opiaten wäre z.B. für die Schmerzbehandlung sehr vorteilhaft. Vgl. zur medizinischen Verwendung von Koka(in) z.B. Freud 1884:304ff.; Schlaadt/Shannon 1986:86f.; Spotts/Shontz 1982:1402ff.; zur medizinischen Anwendung von Opiaten z.B. Seefelder 1990; Schmitz 1982.

Drogen (vor allem beim Alkohol) bestehen - begegnen, indem man die Verpackung so gestaltet, daß eine (ungewollte) gefährliche oder gar tödliche Dosis weitgehend ausgeschlossen werden kann. Es wäre z.b. möglich, die Substanzen so zu portionieren, daß jede einzelne Portion unterhalb der durchschnittlichen letalen Dosis (für jeweils einen nicht an die Substanz gewöhnten Konsumenten) gehalten wird. Wenn man diese Einzelportionen zudem mit den entsprechenden Warnhinweisen versieht, erscheint es unwahrscheinlich, daß es zu ungewollten gefährlichen und/oder tödlichen Dosierungen kommt. Erfahrenen und an die Substanz gewöhnten (Toleranz) Konsumenten stände es frei, mehrere Portionen auf einmal einzunehmen.

Der skizzierte Vielfalt von Produkten mit unterschiedlichen Wirkstoffgehalten sollte es möglich machen, alle Konsumbedürfnisse zu befriedigen, sowohl die der gelegentlichen, als auch der regelmäßigen sowie die der (ohne Zweifel weiterhin existierenden) abhängigen Konsumenten. Gleichzeitig wird durch die oben dargestellten verschiedenen Wirkstoffkonzentrationen und Portionierungen ein Spektrum geschaffen, daß einige Sicherheit im Umgang mit diesen Substanzen bietet und zudem die (erneute) "Notwendigkeit" eines schwarzen Marktes verhindert.

2.2. Wer darf Wo mit Drogen handeln?

Die heutige Situation des Verkehrs und Handels mit psychoaktiven Substanzen ist gespalten. Auf der einen Seite werden eine Reihe von Genußmitteln legal vertrieben und verkauft sowie in ihrer Qualität von den zuständigen Behörden kontrolliert; Einschränkungen und Verpflichtungen der unterschiedlichsten Art können per Gesetz den Herstellern und Vertreibern auferlegt werden. Auf der anderen Seite existiert für eine andere Zahl von Genußmitteln eine Total-Prohibition, die jegliche Kontrolle über die Qualität der Substanzen sowie die Händler und ihre Verkaufs- und Vertriebsformen verhindert.

Die Einordnung der (noch) illegalen Substanzen ins LMBG bringt die Möglichkeit bzw. die Notwendigkeit mit sich, die Art und Weise des Handels mit diesen Substanzen zu regeln und ggf. zu reglementieren. Die beiden Fragen, einerseits wer mit Drogen handeln dürfte im Falle einer Legalisierung und andererseits wo diese Drogen dann verkauft werden sollten, hängen unmittelbar zusammen. Denn die Entscheidung darüber, wo man Drogen verkaufen will, hat häufig auch eine Personengruppe im Blick, die diese Verkäufe tätigen soll. Stellt man sich z.B. auf den Standpunkt, daß die Apotheken die richtigen Orte seien, dann müßten die Apotheker notwendig den Verkauf übernehmen. Unabhängig davon, ob dies eine glückliche Entscheidung wäre, ist es die Frage, ob die ausgesuchte Personengruppe (in unserem Beispiel: die Apotheker) dieses Geschäft übernehmen wollte. Die Fragen des Wer und Wo sind also nicht unabhängig von einander zu beantworten.

Überlegungen zum Handel mit den zu legalisierenden Substanzen sind vor allem in der angloamerikanischen Literatur angestellt worden (vgl.z.B.Lord 1989:374f.; Wilmot/Ryan 1989:148ff.; Beauchesne 1990: 43ff.; Sweet 1990:207f.). In der Regel plädieren diese Konzepte für die Einrichtung von *Liquor Stores* bzw. *Drug Stores*, von denen man glaubt, daß sie am besten geeignet sind, die ggf. gesetzten Verkaufsbeschränkungen, Kontrollen etc. einzuhalten. Der Staat solle, so z.B. Sweet (1990:207), zum einen diese Drug Stores betreiben und zum anderen die Mengen und Preise der Substanzen bestimmen (vgl. auch Beauchesne 1990:43).

Den konkretesten Vorschlag zur staatlichen Monopolisierung des Drogenhandels, der gleichzeitig allerdings auch sehr reglementierend und kontrollierend anmutet, machen Wilmot/Ryan (1989: 148ff.). Sie plädieren weder für die Einrichtung von Drug Stores noch für staatliche Lizenzen für Händler und Vertreiber, sondern vielmehr für eine Lizenz ("Führerschein") der Konsumenten. "People would be licensed much the same way they are licensed to drive." (a.a.O.:148) Sie müßten das Basiswissen des Drogenkonsums (Theorie und Geschichte der Drogen, Dosierungen, Applikationstechniken, Gebraucherpflichten etc.) erlernen, die Lizenz beantragen, eine Prüfung absolvieren und eine Gebühr bezahlen.

"Nur bei Erlangung einer Lizenz kann eine Person legal eine begrenzte Menge derjenigen Droge, für die ihr eine Lizenz erteilt worden ist, erwerben." (a.a.O.:149; O.Z.16)

Die Lizenz solle, so Wilmot/Ryan (1989:150), in der Art einer Kreditkarte vergeben werden. Mit dieser Karte könne der Lizenzinhaber dann die ihm per Lizenz erlaubte Droge aus einem Automaten bis zu einer bestimmten Tages- oder Wochendosis ziehen.

"Die Informationen auf der Lizenz würden Angaben zur Person, ihr Bild, ihren Daumenabdruck sowie die Sorte von Droge(n) enthalten, für die die Lizenz gültig ist (...) Wie eine Kredit-Karte, die an Automaten benutzt wird, um Geld abzuheben, so wird die Lizenz an ebensolchen Automaten benutzt, um Drogen zu erwerben. Der einzige Unterschied besteht darin, daß die Person Geld einwerfen muß, um die Drogen zu erhalten. (...) Die Automaten würden in Zentren plaziert, die in jedem Bundesstaat eingerichtet würden. Die Zentren würden mit Mitarbeitern besetzt, um sicherzustellen, daß die Lizenz auch für diejenige Person ausgestellt wurde, die Zugang zum Automaten begehrt. Die

Mitarbeiter würden zudem Zubehör verkaufen und Drogen-Konsum-Ratschläge sowie Informationen zur Behandlung bereithalten. Die staatlichen Stellen würden diese Zentren betreiben und die Drogenverteilung organisieren." (O.Z.17)
Profit und Werbung sollen ausgeschlossen sein und bei Mißbrauch würde die Karte eingezogen. Die Autoren räumen allerdings ein, daß es - wie beim Autoführerschein - dazu kommen werde, daß einige auch ohne Drogenführerschein Drogen nähmen. Der schwarze Markt existiere daher auf einem gewissen Niveau weiter. Dieser Einwand bedeutet aber gleichzeitig, daß die Lizenzinhaber an einen Automaten gehen könnten, während die anderen, die nicht im Besitz einer Lizenz sind, weil sie durch die Prüfung gefallen sind, die Gebühr nicht bezahlen konnten oder schlicht keine Lust hatten, die Prüfung zu absolvieren, dieselben Drogen - allerdings wahrscheinlich in schlechterer Qualität - auf dem schwarzen Markt beziehen müßten. Und dies zudem mit dem Profit für die illegalen Händler, den man den legalen Händlern vorenthält. Überdies ist nicht verständlich, warum in einem Center, in dem sich ein bestimmtes Beratungs- und Kontroll-Personal befindet bzw. angestellt ist, die Konsumenten ihre Drogen aus einem Automaten ziehen sollten. Alles in allem scheint dem Vorschlag von Wilmot/Ryan ein Maß an Kontrolle und organisatorischem Aufwand anzuhaften, der bei dem erreichbaren Erfolg (z.B. Drogenkonsum ohne Führerschein) recht übertrieben scheint. Die komplette Erfassung aller Drogenkonsumenten - inclusive aller Daten über die Häufigkeiten und Mengen der Drogen-Käufe - führt zudem zu einer datenmäßigen Kontrolle, die m.E. wenig wünschenswert ist. Hier würde ein ebenso privater Raum gewissermaßen öffentlich, wie wenn man sich vorstellt, daß die staatlichen Behörden jederzeit abfragen könnten, wieviel Flaschen Bier, Tassen Kaffee oder Gramm

Tabak man innerhalb einer bestimmten Zeitspanne oder überhaupt in seinem Leben konsumiert hat. Diese Informationen wären vermutlich nie so sicher, als daß sie nicht bei Entscheidungen über die Vergabe von Arbeitsstellen, Versicherungsleistungen etc. "berücksichtigt" würden.

Nancy Lord (1989:374f.) geht bei ihren Überlegungen zu einem "Practical Model for Drug Regulation" etwas anders vor und gleichzeitig einen Schritt weiter. Sie ist der Meinung, daß "anyone should be permitted to apply for a license", um Drogen verkaufen (!) zu können.

"Um einen freien Drogen-Markt zu etablieren, sollte die Regierung nicht bestimmen, welche Arten von Geschäftszweigen mit Drogen handeln dürfen; und einige, die ausgewählt würden, würden dies vielleicht gar nicht wollen. Kleine Dealer, die heute von ihren eigenen Wohnungen aus illegal operieren, sollten nicht davon abgehalten werden, dies weiterhin zu tun, nun allerdings als legitime Händler mit reduziertem Profit. Der Kauf bei solcherlei Händlern ist oft eine soziale Erfahrung, eine Gelegenheit, bei der einige Besucher gemeinsam Drogen konsumieren und sich unterhalten. Diese Umgebung mag den Drogenkonsum zugegebenermaßen beflügeln, aber wenn sie durch Verordnungen verhindert würde, dann würde der Unternehmergeist des Schwarzen Marktes sofort wieder zur Verfügung stehen, um sie zu ersetzen. Allerdings wäre eine solche Alternative, bei der steuerfreie Drogen vertrieben werden, eine nicht zu akzeptierende Bürde für den Steuerzahler. Denn natürlich sollen auch für diese Händler alle Restriktionen gelten, die auch für die öffentlichen Händler, wie etwa Bars und Apotheken, vorgeschrieben sind." (O.Z.18)

Zusammengefaßt hieße dies, daß jeder eine Lizenz erwerben könnte, die ihn berechtigt, mit Drogen zu handeln. Auch ehemalige (illegale) Drogenhändler, aber ebenso Drogenkonsumenten könnten sich mit dieser Lizenz selbstständig machen, mit dem Unterschied, daß ihr Profit, im Vergleich zur heutigen Zeit, erheblich reduziert wäre. Die Einbeziehung dieser letzten beiden Personengruppen hat einiges für sich, sind sie doch die eigentlichen Experten im Umgang mit Drogen.

Untersagen will Lord lediglich Preisnachlässe beim Kauf größerer Mengen, um die Käufer nicht dazu zu animieren, auf Grund preislicher Vorteile, größere Mengen zu erwerben. Zudem will sie die Abgabe von Drogen an Minderjährige, d.h. an unter 21-jährige verbieten und bei Zuwiderhandlung bestrafen. (Hierauf wird unten ausführlicher eingegangen werden.)

Der Vorschlag von Lord ist m.E. sehr plausibel. Jeder kann eine Verkaufslizenz erwerben und unterstellt sich damit, wie bei anderen Genuß- und Lebensmitteln auch, den für diese Substanzen bzw. für den Verkehr und Handel mit ihnen vorgesehenen Regelungen. Eine Einschränkung der Geschäftszweige, die mit Drogen handeln können, wird nicht bestimmt. Allerdings wäre zu überlegen, ob man nicht doch eine gewisse sachliche Einschränkung vornehmen sollte. Zu denken ist etwa an eine Einschränkung der Verkaufsstätten auf sachkundige und erfahrene Händler, d.h. den im Handel mit psychoaktiven Substanzen erfahrenen "Fachhandel", also z.B. Apotheker, Gastwirte, ehemalige und/oder erfahrene Drogenkonsumenten etc. Zudem wäre es möglich, spezifische Drogen-Lokale (vielleicht in Anlehnung an die niederländischen Coffee-Shops) zu betreiben, in denen sachkundige und erfahrene Drogenkenner die Substanzen verkaufen, den Konsumenten beraten, den Überblick über die Kundschaft ihres Lokals behalten, ohne allerdings eine aufdringliche Kontrollinstanz darzustellen. Wir kennen Haschisch- und Opium-"Höhlen" aus früheren Zeiten, in denen sich die Konsumenten trafen, um sich mit Gleichgesinnten dem Genuß ihrer Droge hinzugeben. Die

Ermöglichung einer *social experience*, von der Lord (oben) sprach, sollte nicht ein notwendiges Kriterium für die Vergabe einer Lizenz sein, sollte aber gleichzeitig eine Möglichkeit darstellen, ein geselliges Drogenerlebnis zu begünstigen. Wiederum hätte man mit einem solchen Modell weitgehend alle Konsumentenbedürfnisse und Konsummuster berücksichtigt. Denjenigen, die ihre Drogen lieber in den eigenen vier Wänden oder bei und mit Freunden oder Bekannten genießen wollen, wird dieses durch den Verkauf in den verschiedenen Fachgeschäften ermöglicht. Denjenigen, die die gesellige Kneipenatmosphäre bevorzugen oder die noch keinen Kreis von Freunden gefunden haben, mit denen sie die jeweilige Droge konsumieren können, bietet sich die Möglichkeit, in eine spezifische "Drogen-Kneipe" zu gehen und dort Bekanntschaften zu knüpfen, sich mit anderen über Drogenerfahrungen oder andere Themen auszutauschen oder einfach die Atmosphäre zu erleben - die Gründe für den Besuch einer Drogen-Kneipe sind wahrscheinlich ähnliche wie jene, die uns heute auch in die "Alkohol-Kneipen" gehen lassen[39].

Der Handel mit Drogen würde nach dem dargestellten Modell alle Konsumbedürfnisse befriedigen und zudem Institutionen zulassen, in denen das Erlernen eines sachgerechten Konsums ermöglicht würde.

---

[39] Ähnlich Vorschläge hatte bereits 1982 Manfred Josuttis (1982:1288ff.) unterbreitet. Er plädierte dafür, soziale Gelegenheiten und Institutionen zu schaffen, in deren Rahmen der Genuß einzelner Drogen ohne gefährliche Folgen ermöglicht und ihr jeweiliger Gebrauch mit anderen Lebensbereichen verknüpft werden könne. Josuttis fragte in seinen "unbeholfenen Überlegungen" damals zu Recht, ob es nicht möglich sein könnte, z.B. eine Art Drogen-Urlaub zu arrangieren, "so daß man seinen Urlaub nicht nur in den Bergen oder auf Mallorca verbringen kann, sondern auch bei psychedelischen Exerzitien." (Josuttis 1982:1289)

2.3. Soll es Konsumbeschränkungen geben?

Die Konsumbeschränkungen, die wir aus unserem Umgang mit den heute legalen Drogen kennen, sind nicht wenige. Konsumbeschränkungen sollen der Sicherheit von (potentiellen) Konsumenten und Gesellschaft dienen.
Eine der wichtigsten Konsumbeschränkungen für die heute legalen Genußmittel wird durch die Gesetze zum Jugendschutz bestimmt. So ist es nicht erlaubt, Alkohol oder Tabakerzeugnisse an Jugendliche (bis 16 Jahre) abzugeben. Daß solcherlei Gesetze allerdings in ihrer Wirkung sehr effefektiv sind, ist stark zu bezweifeln. Einerseits können sowohl Tabakerzeugnisse als auch alkoholische Getränke aus Automaten gezogen werden, andererseits ist die Beschaffung dieser Genußmittel über ältere Freunde und Bekannte sowie nicht zuletzt über den elterlichen Haushalt zu bewerkstelligen. Eventuell läßt sich mit solchen Einschränkungen der Einkauf im Laden oder in der Kneipe etwas schwieriger gestalten, keineswegs allerdings verhindern. Eine gesetzliche Altersgrenze weist demnach in der Praxis allenfalls als symbolischer Warnhinweis eine gewisse Sinnhaftigkeit auf. Die Forderung nach einer Altersgrenze ist in der Legalisierungsliteratur allerdings durchgängig, auch wenn man um ihre nur mäßige Effektivität weiß (vgl.z.B. Gieringer 1989:143; Lord 1989:375; Sweet 1990:207). Lediglich Clausen (1972:225) weist (speziell für Marihuana) auf die Pardoxie hin, daß man mit einem Verbot der Abgabe an Jugendliche gerade die Gruppe treffe, die möglicherweise am meisten in den Marihuana-Konsum involviert sei.
Alles in allem scheinen derlei Verbote keine große Wirkung zu haben, wenn man bedenkt, daß selbst in Zeiten der Total-Prohibition eine große, wenn nicht die größte Zahl der Konsumenten

Minderjährige sind. M.E. ist dieser Konsumentengruppe (aber nicht nur ihr) nur mit einer frühzeitigen sachlichen Aufklärung zu begegnen, um die größten Risiken des Drogenkonsum weitestgehend auszuschließen. Verhindern können wird man den Drogenkonsum (legalen und illegalen) bei Jugendlichen nicht (ausführlicher Schmidt-Semisch 1992; vgl. auch Hess 1991:48).

Weitere Drogen-Konsum-Beschränkungen existieren bzgl. der legalen Substanzen (speziell für Alkohol) im Bereich der Arbeitswelt. Aber trotz dieser Beschränkungen (die natürlich nicht in allen Branchen und/oder Betrieben eingeführt und durchgehalten werden) wird häufig Alkohol in den Betrieben und Behörden konsumiert (bei Geburtstagen, Jubiläen und vielen anderen Anlässen). Viele Betriebsunfälle sind auf Alkoholeinfluß zurückzuführen. Nach Vogt (1989b:67) liegt der Prozentsatz der alkoholisierten Unfallopfer bei Betriebsunfällen zwischen 10-40%. Nicht erfaßt sind hierbei die Arbeitsunfälle von Hausfrauen.

"Es liegen keine Schätzungen darüber vor, wie hoch bei Haushaltsunfällen der Risikofaktor Alkohol einzuschätzen ist. Es wird allerdings, da Frauen generell weniger alkoholische Getränke konsumieren als Männer, erheblich geringer sein als bei Arbeitsunfällen.

Neben den Arbeitsunfällen selbst verursachen auch die Arbeitsausfallzeiten beträchtliche Kosten (...) Arbeitsausfälle als Folge von Alkoholkonsum kommen auch im Haushalt vor. Welche Kosten auf diesem Sektor entstehen, ist bislang noch nicht geschätzt worden." (Vogt 1989b:68)

Ein Verbot bzw. eine Beschränkung des Alkohol-Konsums während bestimmter Tätigkeiten ist daher geboten. Allerdings werden Verbote und Beschränkungen nicht allen Konsum während der (betrieblichen) Arbeit verhindern können.

Einen weiteren Bereich von Konsumbeschränkungen bildet der

Straßenverkehr. Auch hier kann der Konsum von Drogen die Sicherheit der Konsumenten und anderer Verkehrsteilnehmer erheblich beeinträchtigen. So haben, nach Vogt (1989b:68), ca. 15-20 % derjenigen, die in tödliche Verkehrsunfälle verwickelt sind, vorher Alkohol konsumiert. Das gleiche gelte für schwere Unfälle mit Verletzungen von Personen und Sachschäden. Trunkenheit am Steuer (ohne Unfall) sei darüber hinaus der häufigste Grund, der zum Entzug der Fahrerlaubnis führe.

Solche Zahlen drücken zwar nicht die wirkliche Gefahr des Alkohols im Straßenverkehr oder am Arbeitsplatz aus, da hier auch die Personen erfaßt werden, die zwar Alkohol konsumiert, aber nicht immer einen Unfall verursacht haben. Fest steht aber, daß das Konzentrations- sowie das Reaktionsvermögen durch Alkohokonsum beeinträchtigt wird und somit zu erheblichen Gefahren führen kann (vgl. auch Fahrenkrug 1989:85ff.). Dasselbe gilt auch für alle anderen psychoaktiven Substanzen in jeweils unterschiedlichem Maße. Die Verrichtung bestimmter Arbeiten, das Fahren von Kraftfahrzeugen etc. unter Drogeneinfluß sollte daher verhindert werden. Die Kontrollen könnten ähnlich erfolgen, wie es heute beim Alkohol geschieht. Bewußt sein muß man sich allerdings darüber, daß derlei Drogen-Kontrollen keinen absoluten Schutz bieten - beim Alkohol-Konsum wird dies sehr deutlich. Diese Tatsache sollte aber keinen Anlaß bieten, von der Freigabe illegaler Drogen abzusehen. Denn die Unvernunft, Unvorsichigkeit, Fahrlässigkeit von Menschen ist ein Risiko-Faktor in jeder Gesellschaft. Eine Prävention solchen Verhaltens kann nur über eine informierte und sachliche Aufklärung und Erziehung erfolgen, die die Verantwortlichkeit bzw. das verantwortliche Bewußtsein im Umgang mit psychoaktiven Substanzen zum Ziel hat.

Ähnliches gilt auch für alle anderen Bereiche, in denen es sinnvoll erscheint, sich der Drogenwirkungen bewußt zu sein und in bestimmten Situationen eventuell vom Drogengebrauch abzusehen, so etwa während der Schwangerschaft, bei Sport- und Freizeitaktivitäten etc. Gefahren dieser Art sollten in den Warnhinweisen auf und in den Verpackungen der einzelnen Substanzen enthalten sein. (Auf diese Warnhinweise wird unten noch ausführlich eingegangen werden.)

2.4. Sollen Steuern erhoben werden?

Die Frage der Besteuerung von Drogen ist wohl eine der umstrittensten in der Freigabedebatte. Der Autor der vorliegenden Abhandlung hat sich noch vor einiger Zeit (Schmidt-Semisch 1990a:138f.) gegen eine Besteuerung der zu legalisierenden Drogen ausgesprochen. Dies wurde im Anschluß an Austin (1982:127-132) sowie Levine (1982:249ff.) so begründet, daß jede Politik, die die Regierung an der Steuerung des Drogenhandels finanziell beteilige, die Voraussetzung dafür schaffe, daß politische Entscheidungen durch ökonomische Interessen kontrolliert werden könnten, die um die Produktion, Distribution und den Konsum von Drogen herum entstünden[40]. Diese Gefahr ist freilich nicht gebannt.
Gleichzeitig allerdings wird von vielen Autoren die Besteuerung

---

[40] Austin (1982:127ff.) sowie auch Hess (1989b:126f.) beschreiben z.B., wie der Widerstand der Regierungen im 16. und 17. Jhd. gegen das Tabakrauchen brach, als deutlich wurde, daß sie wirtschaftlichen Nutzen, d.h. Steuern und Zölle daraus ziehen konnten. Levine (1982:250) beschreibt, daß die Anti-Prohibitions-Bewegung in den USA vor allem deshalb vom sog. Großkapital getragen und finanziert wurde, da dieses sich durch die Einführung der Getränkesteuer eine erhebliche Senkung der persönlichen und geschäftlichen Einkommenssteuer versprach.

von Drogen gefordert, allein schon zum Zwecke der Finanzierung der durch die Umdefinition von illegalen Rauschgiften in legale Genußmittel entstehenden Aufgaben im Falle einer Legalisierung (z.B. Lebensmittelüberwachung, Qualitätssicherung, Lizenzvergabe, Behandlung etc.; vgl. Grinspoon 1989:42ff.; Lord 1989: 375; Wilmot/Ryan 1989:151; Beauchesne 1990:43;, King 1990:24 u.a.).

Diese "Finanzierungs-Gründe" der Drogen-Legalität haben ihre Berechtigung, obwohl man andererseits sagen könnte, daß durch die Legalisierung soviel Geld eingespart wird (z.B. im Strafverfolgungs- und Strafvollstreckungsapparat), daß eine zusätzliche Besteuerung unnötig wäre. Gleichwohl werden die heute legalen Genußmittel ebenfalls besteuert. Faßt man also eine Angleichung der heute illegalen an die heute legalen Genußmittel ins Auge, erscheint es nur recht und billig, auch diese Substanzen zu besteuern. Dies ist wahrscheinlich schon aus Gründen der politischen Umsetzung einer Legalisierung illegaler Drogen geboten.

Wenn man sich also für die Besteuerung der legalisierten Substanzen entscheidet, ist es die Frage, wie man diese Steuer gestaltet, d.h. nach welchen Kriterien man sie erhebt und für was man die eingenommenen Gelder verwendet.

Das wichtigste Kriterium einer Drogensteuer sollte es sein, die Steuer nicht so hoch anzusetzen, daß erneut ein Schwarzmarkt entsteht, der auf Grund der hohen Besteuerung billiger anbieten kann, als die lizensierten Fachgeschäfte (vgl.z.B. Lord 1989:375).

Nach Grinspoon (1989:44) muß die Steuer so hoch sein, daß sie die entstehenden Kosten deckt und so niedrig, daß kein schwarzer Markt entsteht. Unter den Kosten versteht Grinspoon den Schaden, den der Drogenkonsum beim einzelnen und/oder bei der

Gesellschaft verursacht. Deshalb schlägt er eine sog. *Harmfulness Tax*, also eine Gefährlichkeits-Steuer (oder besser: Gefährlichkeits-Abgabe) vor. D.h. wer Drogen nimmt, muß höhere Steuern zahlen, um das Risiko, welches er mit dem Konsum eingeht, nicht der Gesellschaft aufzubürden.

"Um die hier involvierte Art der Kalkulation zu illustrieren, sei gesagt, daß unlängst geschätzt wurde, daß die durch Zigaretten-Konsum verursachten direkten ärztlichen Behandlungskosten plus die indirekten Verluste bei der Produktivität und beim Einkommen ca. 65 Billionen Dollar jährlich betragen, oder anders ausgedrückt: zwei Dollar pro Packung. (Die exakten Zahlen hängen davon ab, wie die Kosten definiert werden; z.B. wird der durch das Rauchen verursachte ökonomische Schaden vielleicht in perverser Weise dadurch ausgeglichen, daß die Kosten für die Versorgung von chronischen und dienstunfähig-machenden Krankheiten alter Menschen in einer Gesellschaft gesenkt werden, in der viele junge Menschen an Krankheiten sterben, die durch das Rauchen verursacht werden.) Eine solche Steuer-Politik kann als ein Weg betrachtet werden, Menschen dazu zu veranlassen, Versicherungen für jene Risiken abzuschließen, die bei der Benutzung von Drogen für sie selber und andere entstehen können. Lebens-Versicherungs-Gesellschaften bieten bereits wesentliche Rabatte für Nicht-Raucher in ihren Premien an, und diese Vericherungs-Vorzüge weiten sich allmählich auch auf Feuer- und andere Versicherungen aus." (Grinspoon 1989:42; O.Z.19)

Eine solche Gefährlichkeits-Abgabe ist nicht ganz unrealistisch, wird derlei doch für Raucher im Zusammenhang mit Krankenversicherungs-Beiträgen auch in der Bundesrepublik diskutiert (s.u.: Kap.2.7.). Gleichzeitig kommt eine Gefährlichkeits-Steuer für bestimmte Verhaltensweisen einer Besteuerung des individuellen

Lebensstils gleich, die dann auch alle anderen gefährlichen Lebensstile extra bzw. spezifisch besteuern müßte. Was ist z.B. mit Drachenfliegern, Aktiven in verletzungsgefährdenden Sportarten, Fahrradfahrern etc.? Wollte man für alle Gefahren des Lebens spezifische Abgaben fordern, und nur so wäre eine Gleichbehandlung mit den Konsumenten von psychoaktiven Genußmitteln gewährleistet, würden die Verwaltungskosten eines solchen Systems bald die Kosten übersteigen, die die jeweiligen Gefahren des Einzelnen in finanzieller Hinsicht für den Fiskus bedeuten. Ganz abgesehen davon, daß viele versuchen würden, die Gefahren, denen sie sich in ihrem alltägliche Leben aussetzen, zu verheimlichen.

Anders verhält es sich mit der Besteuerung der Substanzen an sich. Von vielen Autoren wird gefordert, daß solcherlei Abgaben erhoben werden und gleichzeitig (zweckgebunden) in die Behandlung, Aufklärung und Erziehung von Drogenkonsumenten fließen sollten (vgl. Wilmot/Ryan 1989:151; Sweet 1990:207 u.a.). Vor dem Hintergrund einer Gleichstellung der heute illegalen mit den heute legalen Drogen liegt eine so geartete Besteuerung nahe; allerdings fließt heute lediglich ein Bruchteil der eingenommenen Steuern aus dem Tabak- und Alkohol-Konsum (für Tabakwaren 1989 ca. 15,5 Milliarden; für Alkoholika 1989 ca. 6 Milliarden; vgl. Jahrbuch Sucht 1990:73 u. 20) in die o.g. Bereiche. Die Zweckgebundenheit sollte man im Falle einer Freigabe illegaler Drogen also sicherstellen. Dies schon deswegen, um dem Staat einen Verdienst bei einer solchen Unternehmung zu untersagen, der ansonsten, wie oben bereits angeführt, nur allzuleicht korrumpierbar machen könnte.

Die jeweilige Höhe der Besteuerung sollte sich nach dem Gehalt an Wirkstoff in den jeweiligen Produkten richten, d.h. Produkte mit sehr geringen Wirkstoffkonzentrationen (z.B. Coca Cola) wären erheblich billiger, d.h. niedriger besteuert als z.B. höher konzentriertes Heroin oder Kokain. Möglicherweise könnte man die Steuer auf die konkrete Menge (Milligramm) des enthaltenen Stoffes beziehen, so daß die Steuer auf die Menge bezogen immer gleich bleibe. Dies würde auch der oben angeführten Forderung nach dem Verbot von Mengenrabatten Rechnung tragen.

Alles in allem erscheint eine solche an Wirkstoffmengen orientierte Steuer, die gänzlich den Hilfe-, Beratungs-, Erziehungs- und Behandlungsinstitutionen im Drogensektor zukommen würde, berechtigt und sinnvoll. Ob der Staat sich allerdings die zu erwartenden Einnahmen tatsächlich gänzlich "abnehmen" ließe bzw. sie in diesen Sektor investieren würde, ist fraglich. Dies ist weder bei der Alkohol- noch bei der Tabak-Steuer der Fall. Vielleicht aber gäbe die Einführung einer solchen zweckgebundenen Besteuerung der heute (noch) illegalen Drogen Anlaß dazu, auch über den Umgang mit heute legalen Drogen und gerade auch mit den damit erwirtschafteten Drogen-Steuergeldern nachzudenken. Denn "es ist ja nicht die Politik gegenüber den illegalen Drogen allein, die reformbedürftig ist" (Hess 1991:48).

2.5. Soll für Drogen geworben werden dürfen?

Wenn man von Werbung spricht, dann denkt man in der Regel an Werbespots im Fernsehen und im Rundfunk sowie an Werbeanzeigen in Zeitungen und an Plakatwänden etc. Werbung ist aber viel mehr. Werbung, so Lips/Marr (1990:72), sei der Oberbegriff für die Vermittlung jeglicher Informationen über ein Erzeugnis. Auch die Informationen, die über ein Erzeugnis auf der Verpackung oder in Prospekten und sonstigem Verkaufsmaterial enthalten seien, fielen unter den Begriff Werbung (vgl.

auch Blume/Müller 1976:52ff.). Dementsprechend muß in diesem Kapitel sowohl die vermarktungsorientierte Werbung und die sog. Produktinformation abgehandelt werden, als auch die Art der Verpackung der Produkte als solche sowie die auf oder in ihr enthaltenen Warnhinweise.

Werbung vs. Produktinformation

Nach der o.g. Definition ist auch die sachliche Information über ein Produkt Werbung. Für unseren Zusammenhang ist diese Tatsache insofern wichtig, als von fast allen Autoren ein Werbeverbot für Drogen im Falle einer Legalisierung gefordert wird, gleichzeitig aber auch die sachliche Aufklärung über Drogen. So entwirft z.B. Lord (1989:375ff.) detaillierte Konzepte, was, wo, wie groß etc. auf der Packung kenntlich gemacht werden soll. Zudem sollten den Packungen ausführliche Beipackzettel mit Warnhinweisen sowie Informationen über Institutionen, die im Falle einer Abhängigkeit zu Rate gezogen werden können, beigefügt werden. Gleichzeitig sagt sie explizit, daß "absolutely NO advertising would be allowed, either in media, billboards, or within the sellers facility" (Lord 1989:376).
Ähnlich wie Lord argumentieren auch viele andere Autoren. Grinspoon (1989:42f.) plädiert für eine umfassende Drogen-Erziehung und Drogen-Aufklärung, gleichzeitig aber für ein totales Reklame-Verbot.
Beauchesne (1990:43) weist auf die spärlichen Informationen hin, die über die heute legalen Genußmittel und Medikamente in der jeweiligen Werbung für diese Produkte geliefert werden. Die Vermarktung dieser Produkte sei zum einen aggressiv, zum anderen hinterlasse sie ein "lack of information".
"Ein neuer Drogen-Markt darf nicht auf den klassischen kommerziellen Prinzipien beruhen, d.h. auf den Prinzipien, Märkte zu

schaffen und die Bedürfnisse der Konsumenten zu steigern, um kontinuierliche Profite entstehen zu lassen. Reglementierungen für die Vermarktung von verschreibungspflichtigen Medikamenten haben ihre Ineffektivität bei der Unterstützung informierten Konsums, bei der Vermeidung von Abhängigkeit oder beim Erfassen öffentlicher Gesundheits-Interessen demonstriert. Im gegenwärtigen Gesundheits-System ist der Konsument nicht adäquat informiert über die Drogen, die er konsumiert, und auch nicht über Drogen im allgemeinen." (Beauchesne 1990:43; O.Z.20)

Beauchesne plädiert daher für ein *passive marketing*. Darunter sind Einschränkungen oder Verbote solcher Werbung zu verstehen, die zu Produktion, Verkauf und/oder Konsum ermutigen. Vielmehr sollten Kampagnen, Informationen etc. verbreitet werden, die die Autonomie und Verantwortlichkeit des Konsumenten stärken (vgl. Beauchesne 1990:43f.).

Man kann also festhalten, daß stets eine Unterscheidung getroffen wird zwischen Werbung und Produktinformation, obwohl in der o.g. Definition beide Varianten unter dem Oberbegriff Werbung zusammengefaßt sind. Folgt man dieser Definition, so ist das grundsätzliche Verbot von Werbung im Drogenbereich weder möglich noch sinnvoll - es lassen sich lediglich Einschränkungen der Werbung rechtfertigen.

Will man nun diese Einschränkungen bestimmen, so muß man nach den Kriterien fragen, die man hierbei zugrunde legen will. Die Unterscheidung zwischen Werbung, die neue Märkte schaffen oder bereits bestehende ausweiten will, und Werbung, die sachliche Informationen über ein Produkt und den angemessenen Umgang mit ihm liefert, scheint plausibel, geht es doch um einen selbstbestimmten und weitgehend gefahrlosen Konsum der jeweiligen Substanzen. Das schwierigste Problem hierbei ist die

Frage der Grenzziehung. Wo hört sachliche Information auf und wo beginnt die auf die Erzeugung und/oder Ausweitung von Bedürfnissen zielende Vermarktung von Produkten?
Nach Schweiger/Schrattenecker (1989:47ff.) kann man unterscheiden zwischen ökonomischen und außerökonomischen Werbezielen. Allerdings ist diese Begrifflichkeit etwas irreführend, denn sowohl die ökonomischen als auch die außerökonomischen Werbeziele haben die Intention, der werbenden Firma über den vermehrten Verkauf des jeweiligen Produkts Umsatz- und Gewinnsteigerungen einzubringen. Dabei übernehmen die sog. außerökonomischen Werbeziele die Aufgabe, die Aufmerksamkeit auf ein bestimmtes (markenunabhängiges) Produkt zu lenken, über dieses Produkt zu informieren, das Produkt mit einem gewissen Image zu versehen und darüber die Einstellung der Konsumenten zum Produkt an sich positiv zu beeinflussen. Die sog. ökonomischen Ziele dienen, nach Schweiger/Schrattenecker (a.a.O.), konkret dem Umsatz, dem Gewinn und der Vergrößerung des jeweiligen Marktanteils der werbenden Firma. Es wird deutlich daß beide dargestellten Werbezielarten im Grunde auf dasselbe hinauslaufen. Man will sein Produkt so gut und soweit wie möglich vermarkten. Auch die oben als sinnvoll angesehene *Produktinformation* wird von Schweiger/ Schrattenecker (1989:16) vermarktungsstrategisch definiert.
"Jedes Produkt besitzt eine mehr oder minder ausgeprägte Fähigkeit, Informationen über seine Existenz, Verfügbarkeit und Nützlichkeit zu vermitteln. Besonders bei Gütern, bei denen die Kaufentscheidung zum Großteil von direkter Begutachtung (z.B. Investitionsgüter) oder vom Berührungskontakt (z.B. Kleider) abhängt, ist die Information durch das Produkt selbst von großer Bedeutung.
Bereits die ersten Anmutungen, die das Produkt durch Dimension,

Form, Oberflächenstruktur, Materialbeschaffenheit, Geruch, Farbgebung usw. auslöst, lassen auf dessen Eigenschaften schließen. Aus diesem Grund steigt die Bedeutung des Produktdesigns." (Schweiger/Schrattenecker 1989:16)
Wie man sieht, wird der Begriff der Produktinformation hier eher kommunikationstheoretisch gedeutet. Was in dieser Abhandlung unter Produktinformation verstanden wird, ist dagegen etwas anderes. Hier geht es nicht darum, daß über die Produktinformation, also z.B. das Design, das Produkt anspechender gemacht werden soll, sondern darum, dem Produkt sachliche Informationen beizufügen, die den Konsumenten über das Produkt aufklären und ihm einen unproblematischen Konsum ermöglichen sollen. Vielleicht sollte man das, was in unserem Zusammenhang mit Produktinformation gemeint ist, eher mit dem Begriff der Gebrauchsanweisung benennen.

Eine Gebrauchsanweisung wäre etwas, das beschreibt, wie man ein bestimmtes Genußmittel gebrauchen kann und wie, wann und ggf. wo(bei) man es nach Möglichkeit nicht gebrauchen sollte. Solche Gebrauchsanweisungen können als *Beipackzettel* der Produktverpackung beigefügt und in den jeweiligen Fachgeschäften als Prospekte oder Ähnliches ausgelegt sein sowie in Form von Büchern veröffentlicht werden. Ein gutes Beispiel einer recht gelungenen Gebrauchsanweisung für das Genußmittel Kokain stellt das Buch von Voigt (1985) "*Zum Thema: KOKAIN*" dar. Es informiert über die Geschichte des Kokains und des Kokain-Konsums, über die positiven Wirkungen der Droge, aber auch über die Gefahren, die mit ihrem Konsum verbunden sein können. Gleichzeitig enthält es Ratschläge über Applikationsformen, die Orte und Anlässe des Gebrauchs sowie Dosierungsanleitungen. Ebenso aufklärend und sachlich ist das Faltblatt der Initiative JES (Junkies, Ex-Junkies, Substituierte), in dem über die gesundheitlichen Risiken des Heroin-Konsums und deren Vermeidung in nicht-moralisierender Weise informiert wird. Ähnliche Bücher und/oder Broschüren könnte man sich für alle Drogen vorstellen und diese Werke könnten bzw. sollten dann in den für den Verkauf lizensierten Fachgeschäften zu einem günstigen Preis verkauft werden. Die Drogensteuer-Einnahmen könnten z.B. u.a. zur finanziellen Förderung solchen Informationsmaterials ausgegeben werden.

Gleichzeitig könnte jene Werbung, die auf Gewinn, Umsatz und/oder Marktanteile zielt, verboten werden. Ähnlich, wie in §22 LMBG (vgl. auch Kap.III.1.2.) für Tabakerzeugnisse eine Werbeverbot definiert wird, könnte es dann per Gesetz für psychoaktive Substanzen lauten: *Es ist verboten, für die in diesem Gesetz bestimmten psychoaktiven Genußmittel im Rundfunk, im Fernsehen, in den Printmedien oder anderen öffentlichen Medien zu werben. Herstellerunabhängiges Informations- und Aufklärungsmaterial darf in den zum Verkauf psychoaktiver Genußmittel lizensierten Fachgeschäften sowie im Buchhandel ausgelegt und verkauft werden.*

Für etwaige Unsicherheiten bzgl. der Sachlichkeit und Richtigkeit des Informationsmaterials könnte eine ständige Kommission eingesetzt werden, die sich aus Pharmakologen, Drogenkonsumenten, Juristen, Drogenforschern, Delegierten der Verbraucherschutzverbände etc. zusammensetzen könnte, und die in Zweifelsfällen über die Zulassung des Materials entscheidet.

Mit diesem Modell würde man einerseits eine bedürfniserzeugende und marktexpandierende vermarktungsorientierte Werbung verhindern und andererseits eine bestmögliche Aufklärung und Information über die jeweiligen Substanzen bzw. Genußmittel ermöglichen. Die beschriebenen Werbe-Beschränkungen entsprechen zwar nicht einer vollständigen Angleichung der Handhabung der illegalen Substanzen an die der legalen Genußmittel, sie sind aber m.E. während einer Übergangsphase gerechtfertigt: Es ist anzunehmen, daß es eine gewisse Zeit benötigt, bis die Menschen es gelernt haben, mit den "neuen" Genußmitteln umzugehen, sich mit deren Vor- und Nachteilen vertraut zu machen und ein angemessenes Gebrauchs-Wissen zu internalisieren. Während dieser Phase der Enkulturation scheint es sinnvoll, die (potentiellen) Konsumenten mit sachlichen und hilfreichen Informationen und nicht mit marktexpansiven, manipulierenden Werbestrategien zu konfrontieren.

Verpackung und Warnhinweise
Die Konzepte zu Werbebeschränkungen ließen sich ergänzen durch bestimmte Auflagen an die Hersteller, die jeweiligen Verpackungen der einzelnen Genußmittel auf bestimmte Art zu gestalten und diesen Verpackungen spezielle Warnhinweise beizufügen. Dies würde sicherstellen, daß die notwendigen Gebrauchsinformationen auch unabhängig vom Erhalt oder Erwerb sonstigen Informations- und Aufklärungsmaterials in die Hand des Verbrauchers gelangen.
Wir hatten oben gesagt, daß, abgesehen von den Produkten geringer Wirkstoffkonzentration (z.B.Coca Cola), jede einzelne Dosis die letale Wirkstoffmenge eines "durchschnittlichen" ungeübten Konsumenten nicht überschreiten dürfe. Dies wird, im Anschluß an Lord (1989:392ff.), an dieser Stelle folgendermaßen ergänzt: Jede dieser einzelnen Dosen sollte extra verpackt und mit genauen Angaben über die Wirkstoffkonzentration sowie den wichtigsten Warnhinweisen versehen sein. Der Verpackung, die eine gewisse Anzahl dieser einzeln verpackten Einzeldosen enthält, sollte zudem eine detailliertere und ausführlichere Gebrauchanweisung enthalten. Sowohl auf der Gebrauchsanwei-

sung als auch auf jeder Einzelverpackung sollten folgende substanzspezifische Warnhinweise gut sichtbar angebracht werden.

Cannabisprodukte

Achtung:	Diese Droge kann panische und paranoide Reaktionen auslösen!
Achtung:	Diese Droge kann toxische Psychosen mit Halluzinationen und einem Verlust der Realitätswahrnehmung verursachen!
Achtung:	Das Rauchen dieser Droge kann Lungenkrebs verursachen!
Achtung:	Bedienen Sie keine Kraftfahrzeuge, Flugzeuge oder schweren Maschinen unter dem Einfluß dieser Droge!
Achtung:	Beachten Sie die ausführlichen Informationen auf dem Beipackzettel!

Halluzinogene

Achtung:	Diese Droge kann Psychosen, unangenehme Halluzinationen sowie bizarres und gefährliches Verhalten auslösen!
Achtung:	Die Wirkung dieser Droge kann noch Tage nachdem Sie sie konsumiert haben, zurückkehren!
Achtung:	Bedienen Sie keine Kraftfahrzeuge, Flugzeuge oder schweren Maschinen unter dem Einfluß dieser Droge!
Achtung:	Beachten Sie die ausführlichen Informationen auf dem Beipackzettel!

Opiate

Achtung:	Diese Droge kann bei regelmäßigem Gebrauch stark abhängig machen! Es kann passieren, daß Sie den Gebrauch nicht mehr einstellen können!
Achtung:	Eine hohe Dosis dieser Droge kann zu Atmungslähmungen und zum Tod führen!
Achtung:	Wenn Sie schwanger sind, kann Ihr Baby abhängig geboren werden!
Achtung:	Wenn Sie diese Droge spritzen, verwenden Sie immer neue ungebrauchte Spritzen. Nur so verhindern Sie eine Infektion mit dem HIV-Virus!
Achtung:	Bedienen Sie keine Kraftfahrzeuge, Flugzeuge oder schweren Maschinen unter dem Einfluß dieser Droge!
Achtung:	Beachten Sie die ausführlichen Informationen auf dem Beipackzettel!

Kokain und andere Stimulanzien

Achtung:	Diese Droge kann bei regelmäßigem Gebrauch abhängig machen! Es kann passieren, daß Sie den Gebrauch nicht mehr einstellen können!
Achtung:	Diese Droge kann zu Krämpfen und Anfällen führen!
Achtung:	Diese Droge kann zu einem allergischen Schock mit Todesfolge führen!
Achtung:	Wenn Sie schwanger sind, kann der Gebrauch dieser Droge zu ernsten Organ-Schädigungen Ihres Babys führen!
Achtung:	Wenn Sie schwanger sind, kann Ihr Baby abhängig geboren werden!
Achtung:	Bedienen Sie keine Kraftfahrzeuge, Flugzeuge oder schweren Maschinen unter dem Einfluß dieser Droge!
Achtung:	Beachten Sie die ausführlichen Informationen auf dem Beipackzettel!

Crack

Achtung:	Diese Droge kann stark abhängig machen! Es kann passieren, daß Sie den Gebrauch nicht mehr einstellen können!
Achtung:	Diese Droge kann zu Krämpfen und Anfällen führen!
Achtung:	Diese Droge kann zu einem allergischen Schock mit Todesfolge führen!
Achtung:	Wenn Sie schwanger sind, kann der Gebrauch dieser Droge zu ernsten Organ-Schädigungen Ihres Babys führen!
Achtung:	Wenn Sie schwanger sind, kann Ihr Baby abhängig geboren werden!
Achtung:	Bedienen Sie keine Kraftfahrzeuge, Flugzeuge oder schweren Maschinen unter dem Einfluß dieser Droge!
Achtung:	Beachten Sie die ausführlichen Informationen auf dem Beipackzettel!

Anti-Depressiva

Achtung:	Diese Droge kann bei regelmäßigem Gebrauch abhängig machen! Es kann passieren, daß Sie den Gebrauch nicht mehr einstellen können!
Achtung:	Diese Droge kann zu Krämpfen und Anfällen führen!
Achtung:	Diese Droge kann zu Atmungslähmungen und zum Tod führen!
Achtung:	Diese Droge kann zu einem allergischen Schock mit Todesfolge führen!
Achtung:	Wenn Sie schwanger sind, kann der Gebrauch dieser Droge zu ernsten Organ-Schädigungen Ihres Babys führen!
Achtung:	Bedienen Sie keine Kraftfahrzeuge, Flugzeuge oder schweren Maschinen unter dem Einfluß dieser Droge!
Achtung:	Beachten Sie die ausführlichen Informationen auf dem Beipackzettel!

Um diesen Warnhinweisen hier etwas von ihrem (scheinbaren) Schauder zu nehmen, sollte klar sein, daß ähnliche Warnhinweise konsequenterweise und mit einigem Recht auch auf den Etiketten und Verpackungen der heute legalen Genußmittel angebracht werden könnten:

Zigaretten und andere Tabakerzeugnisse

Achtung:	Diese Droge kann bei regelmäßigem Gebrauch stark abhängig machen! Es kann passieren, daß Sie den Gebrauch nicht mehr einstellen können!
Achtung:	Wenn Sie schwanger sind, kann der Gebrauch dieser Droge zu ernsten Organ-Schädigungen Ihres Babys führen!!
Achtung:	Das Rauchen dieser Droge kann Lungenkrebs und andere akute und chronische Erkankungen der Atemwege verursachen!

Alkohol[41]

Achtung:	Diese Droge kann bei regelmäßigem Gebrauch stark abhängig machen! Es kann passieren, daß Sie den Gebrauch nicht mehr einstellen können!
Achtung:	Diese Droge kann bei regelmäßigen Gebrauch ernste irreversible Organschädigungen verursachen!
Achtung:	Wenn Sie schwanger sind, kann der Gebrauch dieser Droge zu ernsten Organschädigungen Ihres Babys führen!
Achtung:	Wenn Sie sehr viel von dieser Droge gebrauchen, kann es passieren, daß Sie am nächsten Tag starke Kopfschmerzen, Übelkeit und Schwindelgefühl haben!
Achtung:	Bedienen Sie keine Kraftfahrzeuge, Flugzeuge oder schweren Maschinen unter dem Einfluß dieser Droge!

Wie oben bereits gesagt, sollten diese Warnhinweise auf jeder Einzelpackung, auf jeder mehrere Einzelpackungen umschießenden Verpackung sowie auf dem Beipackzettel enthalten sein. Der Beipackzettel sollte darüberhinaus ausführlichere Informationen enthalten.

Zudem sollte, ähnlich wie heute bei alkoholischen Getränken und Zigaretten, die genaue Wirkstoffkonzentration auf jeder Packung genau angegeben werden. Um das Vertauschen einzelner Drogen zusätzlich zu verhindern, könnte man für jede Drogenart eine bestimmte Farbe für die Verpackung vorschreiben, die sich

---

[41] Das solche Warnhinweise für alkoholische Getränke nicht 'aus der Luft gegriffen' sind, bestätigt eine neuere Ausgabe der *Brauwelt* (Nr.33/34, 1991, S.1425): "Die australische Swan-Brewery, Perth, wird ihre Produkte freiwillig mit Warnhinweisen gegen Alkoholmißbrauch versehen. Nach Angaben von Verkaufsdirektor Kevin *Wealand* werden alle Dosen, Etiketten, Kartons und Werbemittel ein Logo tragen, das für ein maßvolles Trinken wirbt. Die Swan-Brewery hat in Australien einen Marktanteil von 10 % und im Heimatmarkt in West-Australien von 85 %."

darüberhinaus je nach Wirkstoffgehalt in ihrer Intensität unterscheiden könnte (z.b. von hellgrün für rauchbares Opium bis dunkel- oder giftgrün für spritzbares Heroin).
Alle diese Vorschläge ließen sich problemlos im Lebensmittelrecht und den jeweiligen Verordnungen regeln und böten einen weitgehenden Schutz vor ungewollten Verwechslungen, Überdosierungen etc. Sie böten zudem einen Schutz und eine Information der Konsumenten, die weit über die Unterrichtung der Konsumenten heute legaler Drogen hinausginge.

2.6. Wer garantiert/kontrolliert Herstellung und Qualität

Nach allen diesen Fragen der Distribution der zu legalisierenden Genußmittel, muß nun auch die Frage geklärt werden, wer die Substanzen herstellt und - vor allem - wer ihre Qualität sichert. Die Frage der Herstellung betrifft zwei Aspekte, nämlich zum einen den Anbau der Rohstoffe, d.h. den Anbau von z.B. Coca (Kokain, Crack), Schlafmohn (Opiate), indischem Hanf (Cannabis) etc., zum anderen die chemische Aufbereitung und Verarbeitung dieser (Natur-)Drogen zu hochpotenten psychoaktiven Substanzen.
Mit der Frage nach der Herstellung von Rohstoffen und der Verarbeitung dieser Rohstoffe treffen wir auf die existentielle und finanzielle Grundlage der unterschiedlichsten Personengruppen, die die illegale Produktion von Drogen diesen Menschen heute sichert. Da sind zum einen die Bauern der sog. Dritten Welt, deren Existenz weitgehend am Anbau der Drogen-Pflanzen

hängt[42]. Das existentielle Interesse dieser Gruppe an Drogen-Handel und Drogen-Produktion zeigen heute bereits die repressiven und friedlichen Versuche, eine sog. *crop substitution* zu installieren, d.h. den Anbau von Drogen-Pflanzen durch andere subventionierte Anbauprodukte zu ersetzen, die meist am Widerstand der Bauern scheitern.

"Bedenkt man beispielsweise, daß ein bolivianischer Bauer aus dem Ertrag eines Hektars Tee, Kaffee, Kakao oder tropischer Früchte nur rund 140 Dollar, aus dem Ertrag eines Hektars Coca aber bis zu 2000 Dollar erlösen kann, so wird der ökonomische Anreiz zur Erhaltung und Ausweitung der Produktion (bei einem bolivianischen Durchschnittseinkommen von 450 Dollar) ohne weiteres deutlich. Vielerorts ist der Bauer außerdem durch die Schuldknechtschaft, in der er von den Aufkäufern seiner Ernte gehalten wird, dazu gezwungen. Ebenso lassen sich die Abzweigungen aus der legalen Produktion erklären: Für 1 Kilo Rohopium erhält der indische Bauer von den staatlichen Stellen 250 Rupees, vom illegalen Händler 1200 bis 1500. Damit erweisen sich auch Vorschläge an die amerikanischen Regierung, doch einfach jährlich die gesamte Ernte aufzukaufen, als illusorisch - zumindest, solange es eine illegale Nachfrage gibt, die immer höhere Preise zahlen kann." (Hess 1991:37)

Aber nicht allein die Existenz der Bauern hängt an den hohen

---

[42] "Über zwei Millionen Arbeitsplätze hängen direkt oder indirekt an dem 'einzigen erfolgreichen transnationalen Wirtschaftszweig', den Lateinamerika hervorgebracht hat.

An der wachsenden Drogenabhängigkeit der südamerikanischen Volkswirtschaften tragen die großen Industrienationen eine gehörige Portion Mitschuld. Der Verfall der Weltmarktpreise für ihre Agrar-Erzeugnisse (Kaffee, Baumwolle et cetera) und industriellen Rohstoffe (Zinn, Kupfer), die hohen Zollbarrieren der Ersten Welt und deren Konkurrenz mit eigenen hochsubventionierten Nahrungsmitteln haben viele Anden-Bauern und Bergarbeiter überhaupt erst zum Koka-Anbau gezwungen." (Arfs 1991) bzw. höheren Preisen sowie der größeren Absatzsicherheit der Drogen-Pflanzen, sondern häufig genug die gesamte Volkswirtschaft der Anbauländer. Hess (1991:37f.) hält die illegale Drogenproduktion für den wichtigsten Zweig der sog. parallelen Ökonomie in vielen Gebieten der sog. Dritten Welt, die manches Land vor dem Bankrott bewahrt habe. Die Exporterlöse des Libanon und von Jamaika stammten z.B. zu ca. zwei Dritteln aus dem illegalen Cannabis- Handel.

"Bolivien soll zur Zeit aus dem Export von Coca und Coca-Produkten, obwohl ein Großteil der Erlöse im Ausland bleibt, doch jährlich 600 Millionen Dollar zurückerhalten, während die legalen Exportgüter nur 400 Millionen einbringen. Kolumbien soll schon 1979 Marihuana und Kokain im Werte von sechs Milliarden Dollar ausgeführt haben. Der durch die Eigenproduktion der USA gefallene Export von Marihuana wird heute durch den steigenden von Kokain wettgemacht. Auch hier bleibt ein großer Teil der Erlöse auf ausländischen Konten, aber immerhin drei Milliarden Dollar sollen doch der inländischen Wirtschaft zugute kommen, deren Legalexporte 1984 eine Höhe von 3,5 Milliarden Dollar erreichten." (Hess 1991:38)

Wenn man diese Zahlen betrachtet, verwundert es nicht, daß sich auch verantwortungsbewußte und nicht eigentlich in den Drogen-Handel involvierte Politiker dieser Länder heute nur halbherzig an einer effektiven Drogenbekämpfung beteiligen. Hess (1991:48f.) unterstreicht daher zu Recht, daß deren Existenz durch langfristige Lieferverträge gesichert werden müßte. Gleichzeitig sollte man versuchen, den Menschen in diesen Ländern dazu zu verhelfen, ihre Grundstoffe in Kleinindustrien zu exportierbaren Produkten zu verarbeiten. Zu denken ist etwa an die Produktion von stimulierenden Tee-Sorten oder Tee-Mischungen, d.h. z.B. Coca-Tee, Cannabis-Tee o.ä. Es wäre auch eine mit diesen

Natur-Drogen arbeitende pharmazeutische Industrie denkbar. Hess (1989a:463) macht z.B. den Vorschlag, die heute massenhaft aus den Industriestaaten importierten synthetischen Antidepressiva durch pharmazeutische, im südamerikanischen Inland produzierte Cocaprodukte zu ersetzen. Solcherlei Produkte könnten dann möglicherweise auch in die sog. Erste Welt exportiert werden.

Auch im Bereich der Opiate gibt es - vor allem unter Schmerztherapeuten - einen großen Bedarf. Auf Schmerz-Kongressen wird immer wieder die Unterversorgung chronischer Schmerzpatienten mit Opioiden beklagt, mittlerweile sogar - zur Verbesserung der Versorgungssituation - die ersatzlose Streichung des BtMG gefordert (vgl. Die Neue Ärztliche vom 28.9.1990).

Ähnliche medizinisch-pharmazeutische Verarbeitungs-Möglichkeiten, die sinnvoll wären, heute aber durch die Prohibition (auch in der medizinischen Anwendung) stark behindert werden, könnten zum volkswirtschaftlichen Nutzen der Anbauländer gereichen. Man würde quasi die Notwendigkeiten der Existenzsicherung der Anbauer und Verarbeiter mit dem Nützlichen (z.B. einer besseren Behandlung von Schmerzpatienten) verbinden können.

Allerdings werden auch heute schon die meisten Natur-Drogen in ihren Herkunftsländern weiterverarbeitet. So findet ein großer Teil der Verarbeitung von Coca zu Kokain in den kolomianischen Urwäldern statt. Auch die Verarbeitung von Roh-Opium zu Heroin geschieht z.T. in Labors im und um das sog. Goldene Dreieck. Man könnte sich also vorstellen, daß der Anbau und ein Teil der Weiterverarbeitung an den Stellen verbleibt, wo sie heute auch schon stattfinden.

Jacobs (1990:29f.) problematisiert allerdings diese Vorstellung: "Parallel zu dem, was sich beim Ende der Alkohol-Prohibition ereignete, würden einige der Personen, die im illegalen Drogen-Handel reich geworden sind, ihr Image aufpolieren und dann

Schlüsselrollen im nunlegalen Distributions-System übernehmen. Die süd-amerikanischen Drogen-Barone würden sicherlich fortfahren, den Kokain-Handel zu kontrollieren, und wenn ihre Geschäfte mit amerikanischen Importeuren erst einmal legal wären (wenigstens nach amerikanischem Recht), dann würde ihre Position in der süd-amerikanischen Politik erheblich gestärkt - eine Entwicklung, die die Spannungen zwischen diesen Ländern und den Vereinigten Staaten nicht gerade reduzieren würde." (O.Z.21)

Dieser Einwand hat einige Berechtigung, allerdings nur unter der Voraussetzung, daß sich das Paradigma der herrschenden Drogenpolitik nicht grundsätzlich wandelt. Wenn man allerdings die Fehler der prohibitiven Vergangenheit erkennt, und nun einen anderen, angemesseneren Weg in der Drogenpolitik zu gehen sucht, dann ist es nur recht und billig, den Haß auf die bisherigen *folk devils* beizulegen. Jacobs sagt an anderer Stelle, "Drug legalization would be more like a cultural revolution than a change in policy" (a.a.O.:40). Wenn diese Aussage richtig ist, dann ist eine Generalamnestie der bisherigen Vertreiber von illegalen Drogen geboten. Bedeuten doch Revolutionen (fast) immer, daß die Helden der Revolution stets die Staatsfeinde des alten Regimes waren. Nun kann es natürlich nicht darum gehen, die Dealer von einst als Helden zu glorifizieren, aber auch nicht darum, sie an ihrem früheren Geschäft nicht mehr zu beteiligen. Denn schließlich sind die dramatisierten Methoden dieser heutigen sog. *Drogen-Mafia* die Methoden der Illegalität, an denen die Staaten durch ihre Verbotspolitik durchaus eine Mitverantwortung tragen. Und wieso sollten sich die illegalen Drogen-Dealer nicht zu verantwortungsbewußten Geschäftsleuten entwickeln, so wie sich die Al Capones der Alkoholprohibition nach deren Aufhebung in die legalen Distributions- und Herstellungsstrukturen integrierten?[43]

Man hätte auf diese Art und Weise die Existenzen derer, die heute von der (noch) illegalen Herstellung der Drogen und ihrem illegalen Export abhängen, gesichert und zugleich die Herstellung der notwendigen Rohstoffe.

Die Endverarbeitung sowie die Verpackung der Produkte könnte sodann in den Absatzländern geschehen. Da für die Verpackung, wie oben bereits beschrieben, bestimmte standarisierte Formen vorgeschrieben werden sollen, bedarf es hier diesbezüglich keiner weiteren Ausführungen. Entscheidender ist, wie die Qualität der jeweiligen Substanzen gesichert und kontrolliert werden soll und kann. Da wir uns mit den vorliegenden Überlegungen im Bereich des Lebensmittelrechts bewegen, kommen für die Kontrolle der Substanzen die lebensmittelrechtlichen Kontroll- und Überwachungsmöglichkeiten der Absatzländer (in unserem Fall: der Bundesrepublik, eventuell der europäischen Gemeinschaft) zur

---

[43] Zumal sie ja auch schon heute die Macht, die sie besitzen, nicht aus dem illegalen Drogenhandel allein beziehen, sondern vielmehr ermöglichen ihnen die beträchtlichen Gewinne aus dem illegalen Handel mit Drogen ein breitgefächertes Engagement in legalen Wirtschaftsbereichen, welches ihnen wiederum Einfluß auf polit-ökonomische Entscheidungen verleiht. Arlacchi (1989:190) erklärt z.B., daß der Ein- und Verkauf großer Heroinmengen, welche zur Verteilung auf den heimischen Märkten bestimmt sind, vor allem unter der Beteiligung von Personen betrieben wird, die nach außen der legalen und anerkannten Wirtschafts- und Finanzwelt angehören. Diese Beteiligungen seien meist auf bestimmte Phasen großer Geschäfte oder auch nur auf ein bestimmtes größeres Geschäft begrenzt. Es handle sich bei diesen Personen um Geschäfts- und Kaufleute sowie Freiberufler, die den Ankauf einer bestimmten Drogenmenge finanzierten, da sie so ihr investiertes Kapital in relativ kurzer Zeit vervielfachen könnten.
Die Ausführungen von Arlacchi zeigen, daß eine scharfe Trennung zwischen einer sog. legalen und einer sog. illegalen Wirtschaft kaum mehr möglich ist (vgl. z.B. auch Amendt 1984).

Anwendung. Zu unterscheiden ist hier zwischen betrieblichen Kontrollmaßnahmen und der staatlichen Lebensmittelüberwachung.

Nach Lips/Marr (1990:102ff.) existieren vier betriebliche Strategien der Lebensmittel- bzw. Qualitätskontrolle.

a) Zunächst sind die Hersteller dazu verpflichtet, sich die notwendigen *Kenntnisse über die einschlägigen Verordnungen, Gesetze, Leitsätze sowie Handelsbräuche* zu verschaffen. Diese Kenntnisse sind auf dem neuesten Stand zu halten und auch an die Mitarbeiter in geeigneter Form weiterzugeben.

"Als Mittel hierzu dienen der regelmäßige Bezug von Fachliteratur, die Beteiligung an einschlägigen Fortbildungsveranstaltungen sowie die Mitgliedschaft in einem Fachverband." (Lips/Marr 1990:102)

b) Darüberhinaus sind *organisatorische Vorkehrungen* zur Sicherung und Überwachung der Qualität zu treffen. Zum einen müssen die Gerätschaften, Anlagen und Transportmittel auf dem aktuellen technischen Stand gehalten werden. Zum anderen müssen die Verantwortlichkeiten zur Einhaltung der Sorgfaltspflichen für jeden Betriebsabschnitt abgrenzt und bestimmten Personen übertragen sein. Für die Abwesenheit (Krankheit, Urlaub etc.) dieser verantwortlichen Personen müssen adäquate Vertretungen bereitstehen. Der Betriebsleiter trägt für diesen organisatorischen Bereich die Verantwortung. Ihm obliegt die Sorgfalts- und Aufsichtspflicht. Die Verteilung der Verantwortlichkeiten und Zuständigkeiten der einzelnen Mitarbeiter muß ständig auf ihre Einhaltung hin überwacht werden.

c) Einen weiteren wichtigen Bereich der Kontrolle stellt die *Eingangskontrolle* dar. Die eingehenden Rohstoffe, Halbfabrikate, Fertigwaren und Verpackungsmaterialien müssen auf ihre Übereinstimmung mit den einschlägigen Gesetzen, Vorschriften etc.

hin überprüft werden. Darauf kann auch nicht verzichtet werden, wenn der Lieferant vertrauenswürdig ist und die Qualität der Lieferung garantiert.

"Bei Importen ist die Berufung auf die Vertrauenswürdigkeit des ausländischen Vorlieferanten nach vorherrschender Meinung im lebensmittelrechtlichen Schrifttum und in der Rechtssprechung ausgeschlossen bzw. stark eingeschränkt. Auch Untersuchungsbefunde ausländischer Stellen, die der ausländische Lieferant vorlegt, heben die Verpflichtung des Importeurs bzw. Warenempfängers, sich durch eigene Stichproben von der Verkehrsfähigkeit der Ware zu überzeugen, nicht auf." (Lips/Marr 1990:104)

d) Neben diesen Kontrollen der angelieferten Waren ist der Hersteller auch dazu verpflichtet, dafür zu sorgen, daß die von ihm in Verkehr gebrachte Ware einwandfrei ist. Dementsprechend ist die *Qualitätsüberwachung der eigenen Erzeugnisse* mittels Probenahmen erforderlich. Diese Kontrollen können durch betriebseigene Fachleute erfolgen oder durch sog. Handelslabors. Es wird nicht nur die einwandfreie Zusammensetzung der Produkte kontrolliert, sondern es werden z.B. auch Lagerversuche zur Überprüfung der Haltbarkeit durchgeführt. Die betrieblichen Qualitätsprüfer haben zudem Rückstellmuster der einzelnen Chargen zurückzuhalten, um bei eventuellen Beanstandungsfällen eine Überprüfung der jeweiligen Produktionsphasen zu ermöglichen.

Neben diesen betrieblichen Überwachungsmaßnahmen, gibt es die staatliche Lebensmittelüberwachung. Nach § 40 LMBG sind für die Wahrnehmung dieser Aufgabe die Landesbehörden zuständig.

Die zuständigen Behörden und Beamten[44] haben sich durch regelmäßige Überprüfungen und Probenahmen davon zu überzeugen, daß die einschlägigen Vorschriften und Gesetze eingehalten werden (§ 41 (19) LMBG). Bei Gefahr im Verzug sind die Beamten ermächtigt, auch außerhalb der Geschäftszeiten "Grundstücke und Betriebsräume, in oder auf denen Lebensmittel, Tabakerzeugnisse, kosmetische Mittel oder Bedarfsgegenstände gewerbsmäßig hergestellt, behandelt oder in Verkehr gebracht werden, sowie die dazugehörigen Geschäftsräume (...) zu betreten" (§ 41(3) LMBG).

Die staatliche Überwachung der Lebens- und Genußmittelherstellung findet demnach auf zwei Arten statt, zum einen durch Betriebskontrollen und zum anderen durch Probenahmen. Bei den Proben können wiederum zwei Arten unterschieden werden: Erstens die sog. Planproben, die nach einem bestimmten Probenahmeplan routinemäßig gezogen werden und somit die regelmäßige Kontrolle der Erzeugnisse gewährleisten (sollen). Zweitens die sog. Verdachtsproben, die gezogen werden, wenn der Verdacht besteht, daß ein Lebens- oder Genußmittel nicht den lebensmittelrechtlichen Vorschriften entspricht oder wenn sich z.B. ein Verbraucher über die Qualität eines Lebens- oder Genußmittels beschwert (vgl. Lips/Marr 1990:111).

Eine weitere Kontrollfunktion bzgl. der Qualitätsicherung und der Qualitätsdefinition der Produkte wird von der *Deutschen Gesellschaft für Qualität e.V.* ausgeübt.

---

[44] Zur Lebensmittelüberwachung können einerseits akademisch ausgebildete Personen (z.B. (Lebensmittel-) Chemiker etc.) eingesetzt werden, andererseits aber auch nicht-akademisch ausgebildete Perso-nen, für die es besondere Ausbildungsanforderungen gibt, die in der sog. *Lebensmittelkontrolleur-Verordnung vom 16.Juni 1977* (BGBl. 1977, I., S.1002) ausgeführt sind.

"Die 'Deutsche Gesellschaft für Qualität e.V.' befaßt sich in Schriften und Seminaren mit den statistischen Grundlagen der Qualitätssicherung. Diese besteht aus drei Elementen:

- der Qualitätsfestlegung: diese Funktion umfaßt das Ausarbeiten von Richtlinien und Vorschriften für Entwurf und Fertigung im weitesten Sinne;

- der Qualitätsbeherrschung: sie umfaßt alle Maßnahmen, die auf eine zielgerechte Qualitätsverwirklichung gerichtet sind und

- die Qualitätsbeurteilung, durch die überprüft wird, ob das Erzeugnis mit den festgelegten Qualitätvorschriften übereinstimmt." (Lips/Marr 1990:105)

Zudem übernehmen auch die Verbraucher(-Schutz)-Verbände (z.B. die Stiftung Warentest u.a.) Funktionen der Qualitätsüberwachung und -sicherung[45].

Zusammenfassend bedeutet dies, daß die Qualität weitestgehend

---

[45] Ähnliche Funktionen übernehmen auch das sog. Deutsche Lebensmittelbuch (vgl. Lips/Marr 1990:30ff.) sowie der sog. Codex Alimentarius, der eine Sammlung internationaler lebensmittelrechtlicher Standards darstellt. Diese "bezwecken eine zunächst unverbindliche Aufstellung von international weitgehend anerkannten Standardbedingungen für die Hygiene-Praxis, die Herstellung und Beschaffenheit von Lebensmitteln durch eine gemeinsame Kommission der Weltgesundheitsorganisation (WHO) und der Welternährungsorganisation (FAO). Zu dieser Kommission hat jeder Mitgliedsstaat der UNO stimmberechtigten Zutritt. Andere Staaten oder internationale Organisationen können ohne Stimmrecht mitberaten. Nach dem Statut der Codex Alimentarius Kommission ist oberste Richtschnur der Schutz der Gesundheit der Verbraucher und die Sicherstellung des lauteren Wettbewerbs im Verkehr mit Lebensmitteln." (Lips/Marr 1990:41)

sichergestellt werden kann, zum einen durch die betrieblichen Überwachungs- und Kontrollmaßnahmen, zum anderen durch die staatlichen Maßnahmen der Lebensmittelüberwachung sowie die Untersuchungen der (freien) Verbraucher(-Schutz)-Verbände. Rechnet man noch die oben beschriebenen Pflichten bzgl. der Verpackung und Kennzeichnung der heute (noch) illegalen Genußmittel dazu, so entsteht für den Konsumenten dieser Substanzen eine maximale produktbezogene Sicherheit beim Gebrauch.

2.7. Wer trägt die Verantwortung bei "Drogen-Unfällen"?

Trotz aller dieser oben beschriebenen Maßnahmen zur Gewährleistung einer maximalen Sicherheit des Konsums bzw. der Konsumenten ist es nur zu wahrscheinlich, daß sich beim Konsum von Genußmitteln Unfälle, Krankheiten und ähnliches ereignen; dies ist schließlich auch bei den heute legalen Drogen der Fall. Man weiß von Alkoholvergiftungen, von Alkoholabhängigen, von alkoholbedingten Betriebs- und Verkehrs-Unfällen, von Kindern, die Zigaretten essen und eine Nikotinvergiftung erleiden, von Rauchern, die ein erhöhtes Lungenkrebsrisiko aufweisen etc. Man weiß aber auch um die gesundheitsschädigenden Manipulationen von Genußmitteln durch die Hersteller. Eines der bekanntesten Beispiele in unserem Zusammenhang ist wohl der sog. Weinskandal gewesen, als an die Öffentlichkeit gelangte, daß zahlreiche österreichische Weinhersteller ihre geringwertigen Weine nach dem Zusatz giftiger Frostschutzmittel als "Prädikatsweine" verkauften (vgl. Hippel 1986:64).
Es gibt daher zwei Arten von "Drogen-Unfällen", die hier zu berücksichtigen sind, zum einen die vom Hersteller fahrlässig

oder mutwillig verursachten Schädigungen, zum anderen die vermittels sachgemäßem oder unsachgemäßem Gebrauch durch den Konsumenten selbst absichtlich oder unabsichtlich verursachten Schädigungen bzw. "Unfälle". Die Frage, die hier zu beantworten ist, ist die, wer die Verantwortung für die jeweiligen Schädigungen übernehmen soll, d.h. wer für den Schaden haftet bzw. wer für die Kosten einer eventuellen Genesung, Rente etc. aufkommt.

Unfälle aufgrund mangelhafter oder gesundheitsgefährdender Qualitität

Das LMBG und die einzelnen Verordnungen enthalten eine große Zahl von Straftats- und Ordnungswidrigkeitsbeständen, die quasi alle Zuwiderhandlungen gegen dieses Gesetz und seine Verordnungen abdecken. Darüberhinaus ist es nach § 8 LMBG grundsätzlich verboten:
"1. Lebensmittel für andere derart herzustellen oder zu behandeln, daß ihr Verzehr geeignet ist, die Gesundheit zu schädigen;
2. Stoffe, deren Verzehr geeignet ist, die Gesundheit zu schädigen, als Lebensmittel in den Verkehr zu bringen."
Wer solches tut, wird nach § 51 LMBG mit Freiheitsstrafe bis zu zwei Jahren oder Geldstrafe bestraft, in schweren Fällen ist die Strafe Freiheitsstrafe von sechs Monaten bis zu fünf Jahren. Im Falle der Fahrlässigkeit ist die Strafe Freiheitsstrafe bis zu einem Jahr oder Geldstrafe.
Nun müssen diese Straftatbestände allerdings relativiert werden, denn obwohl z.B. das Rauchen von Tabak oder das Trinken von Alkohol erwiesenermaßen extrem gesundheitsschädigend sein kann, ist ihre Herstellung und ihr Vertrieb erlaubt und der

Hersteller in der Regel für die auftretenden Schädigungen nicht verantwortlich zu machen. Konkret bedeutet dies, daß zumindest bei den Genußmitteln der § 8 LMBG nicht wirksam wird, denn sonst kämen ja, etwas unwissenschaftlich formuliert, sämtliche Alkohol- und Zigarettenhersteller aus dem Knast nicht mehr heraus. Sie sind aber nach § 52 (2) LMBG lediglich dann haftbar, wenn sie entgegen dem Gesetz verbotene Zusatzstoffe verwenden (z.b. Weinskandal), verbotene Bestrahlungstechniken anwenden, Kenntlichmachungspflichten nicht nachkommen, Warnhinweise nicht anbringen etc. Für die grundsätzlich vom Tabakrauchen oder Alkoholtrinken ausgehenden Gefahren sind die Hersteller nicht verantwortlich.

Ebenso sollte man mit den künftigen Herstellern der heute noch illegalen Genußmittel verfahren. Wer die Substanzen ordnungsgemäß herstellt, seinen Kenntlichmachungspflichten nachkommt, die Verpackung in der vorgeschriebenen Form (Farbe, Beschriftung, Einzeldosisverpackung etc.) gestaltet, die vorgeschriebenen Warnhinweise ordnungsgemäß anbringt, den vorschriftsmäßigen Beipackzettel beifügt u.s.w., der ist für Schäden, die dem Konsumenten aus seinem Konsum entstehen, nicht haftbar zu machen. Im Falle des fahrlässigen oder mutwilligen Verstoßes gegen diese Auflagen ist der Hersteller dagegen auf jeden Fall zivilrechtlich vom Konsumenten oder anderen Geschädigten haftbar zu machen, d.h. z.B. im Sinne von Schmerzensgeld- oder Rentenansprüchen, Verdienstausfalls-Entschädigungen etc.

Die meisten Fälle von Produkthaftung sind darüberhinaus bereits im Haftpflichtrecht erfaßt. Die neueren europäischen Überlegungen und Unternehmungen zielen z.B. darauf ab, eine vom Verschulden unabhängige, außervertragliche, strikte Haftung des Herstellers für Schäden, die durch einen Fehler seines Produkts verursacht wurden, zu installieren. Dabei gilt ein Produkt dann

als fehlerhaft,
"wenn es bei bestimmungsmäßigem Gebrauch für Personen oder Sachen nicht die Sicherheit bietet, die man unter Berücksichtigung aller Umstände (insbesondere seiner Darbietung und des Zeitpunkts, zu dem es in Verkehr gebracht wurde) zu erwarten berechtigt ist." (Hippel 1986:48)
Vier Arten von Produkthaftung sind, nach Hippel (1986:49ff.), zu unterscheiden.
1. *Konstruktionsfehler*: Hierbei handelt es sich um ganze Produktionsserien, die nach dem Stand der aktuellen Wissenschaft und Technik eine Fehlkonstruktion darstellen.
2. *Instruktionsfehler*: Bei dieser Art Fehler handelt es sich um Mängel in der Gebrauchsanweisung, d.h. mangelnde Hinweise auf die Anwendungsweise und die möglichen Gefahren beim Gebrauch des Produkts.
3. *Fabrikationsfehler*: Hier wird der Schaden durch ein einzelnes fehlerhaftes Produkt einer ansonsten tadellosen Serie angerichtet.
4. *Entwicklungsgefahren*: Diese Fehlerart liegt vor, wenn sich ein nach bisherigem Erkenntnisstand als gefahrlos geltendes Produkt unerwartet als schädigend erweist (z.B. Langzeitschäden bei Medikamenten, die erst nach vielen Jahren erkannt werden).

Während es sich bei den Konstruktions- und Instruktionsfehlern eindeutig um Fälle für die Produzentenhaftung handelt, da der Hersteller entweder falsch konstruiert oder falsch oder unzureichend informiert hat, ist diese Eindeutigkeit bei den Fabrikationsfehlern und Entwicklungsgefahren nicht gegeben.
Ohne an dieser Stelle auf die von Hippel (1986:52-62) ausführlich dargestellte Debatte über das Für und Wider einer Produzentenhaftung für Fabrikationsfehler und Entwicklungsgefahren einzugehen, sei ein pragmatisches Modell zum Umgang mit diesen

Gefahren vorgeschlagen. Das Modell ist angelehnt an das Deutsche Arzneimittelgesetz sowie Vorbilder in Schweden, Japan und Spanien.

Das *Gesetz zur Neuordnung des Arzneimittelrechts vom 24.August 1976* (§§ 84ff.) sieht eine begrenzte Gefährdungshaftung des Herstellers vor, die durch Arzneimittel infolge von Entwicklungs-, Herstellungs- oder Instruktionsfehlern verursacht werden. Das Deckungsrisiko ist von den Versicherern übernommen worden.

"Der Hersteller haftet nach dem neuen Arzneimittelgesetz nun im Einzelfall bis 500.000 DM Kapitalsumme oder 30.000 DM Jahresrente, bei Serienschäden bis 200 Mill. DM Kapitalsumme oder 12 Mill. DM Jahresrente. Der Hersteller ist in dieser Höhe zur Deckungsvorsorge verpflichtet, sei es durch eine Haftpflichtversicherung, sei es durch eine Freistellungs- oder Gewährleistungsverpflichtung eines Kreditinstituts.

Da die Deckungsvorsorge von 200 Mill. DM die Kapazität einzelner Versicherer (selbst bei Einschluß der Rückversicherung) bei weitem übersteigt, haben die deutschen Versicherer inzwischen einen Rückversicherungspool gegründet. Der Einzelversicherer übernimmt im Schadensfall 10 Mill. DM, für weitergehende Schadensansprüche tritt der Pool ein. Die Tarifgestaltung richtet sich nach drei Risikogruppen (rezeptpflichtige, apothekenpflichtige, frei verkäufliche Arzneien). Die Versicherungsprämien sind insgesamt relativ gering: Nach Angaben der pharmazeutischen Industrie ergeben sich Belastungen in Höhe von ca. 0,4 Prozent vom Umsatz. Es liegen keine Anzeichen dafür vor, daß durch diese Kostenbelastung kleinere oder mittlere Betriebe in wirtschaftliche Schwierigkeiten geraten sind. Im übrigen ist anzumerken, daß der Pharmapool bisher noch in keinem Fall in Anspruch genommen worden ist." (Hippel 1986: 58; vgl. auch ausführlich Meyer 1989:209f.)

Seit 1978 besteht in Schweden eine Versicherung gegen Arzneimittelschäden, die von den Herstellern der Substanzen finanziert wird und die Schäden auch dann deckt, wenn den Hersteller kein Verschulden trifft.

Die Opfer von Arzneimittelschäden in Japan haben seit 1979 Anspruch auf (durch Höchstsummen begrenzte) Entschädigungsleistungen, gerade auch dann, wenn es an einem Verschulden des Herstellers fehlt. Die Entschädigungen werden aus einem Fond gezahlt, der durch Beiträge der Arzneimittelhersteller und staatliche Zuschüsse finanziert wird. (Vergleichbare Entschädigungeansprüche bestehen auch in den USA und Spanien[46]; vgl. Hippel 1986:58f.)

Ähnliche Versicherungen und/oder Fonds könnten zur Deckung von Schädigungen durch Genußmittel eingerichtet werden, solange diese Schäden auf Entwicklungs- und Fabrikationsfehler zurückzuführen sind. Solche "Geldtöpfe", aus denen die eventuell anfallenden Entschädigungsleistungen zu bezahlen wären, könnten zum Teil von den Herstellern finanziert werden, zum anderen aber auch - vielleicht sogar ausschließlich - aus einem Teil der eingenommen Drogensteuer-Einnahmen. Für Schädigungen, die durch eventuelle Konstruktions- und Instruktions-Fehler entstehen, müßte, wie oben bereits festgestellt, der Hersteller selbst bzw. seine Haftpflichtversicherung aufkommen.

Mancher Leser mag denken, daß die Arzneimittel-Beispiele darauf hindeuten, daß die zu legalisierenden Genußmittel wohl doch nicht so unbedenklich seien. Diese Folgerung wäre allerdings nicht ganz richtig, denn was oben dargestellt wurde, ist Ausdruck eines

---

[46] In Spanien erstreckt sich die grundsätzliche Haftung für Entwicklungsgefahren beispielsweise auch auf alle anderen Nahrungsmittel sowie auf pharmazeutische Produkte jeglicher Art, Spielzeug, Haushaltsgeräte etc. (Hippel 1986:59)

neuen Bewußtseins im Bereich des Verbraucherschutzes allgemein und betrifft darüberhinaus lediglich Schädigungen, die aus der mangel- oder fehlerhaften Produktion resultieren sowie andere Schädigungen, für die der Konsument durch seinen Konsum selbst nicht verantwortlich ist. Die Haftung für solche Schädigungen ist auch bei allen anderen Produkten durch die Produkthaftpflicht abgedeckt oder sollte dies zumindest sein. Der gemachte Vorschlag ist daher nicht außergewöhnlich.

Anders verhält es sich dagegen mit Schädigungen, die aus dem sachgerechten oder unsachgerechten Gebrauch einwandfrei hergestellter Substanzen resultieren, wie etwa Schädigungen der Organe bei Alkohol- oder Tabak-Genuß.

Vom Konsumenten selbst verschuldete Schädigungen und Unfälle

Auch in diesem Kapitel müssen wir nichts Neues erfinden. Die Regelungen für den Fall eines selbst verschuldeten Leidens existieren bereits. Egal was eine Person auch tut, für den Fall, daß sie krank wird, bezahlt die Krankenkasse (nach den gesetzlichen Tarifen). Oben war bereits darauf hingewiesen worden, daß der Konsum von heute illegalen Drogen im Falle der Legalität keineswegs gefährlicher wäre, als der Konsum heute legaler Drogen auch. Die Schädigungen und Krankheiten, die aus dem Genuß der legalen Drogen entstehen bzw. die Kosten für die Behandlung derselben, übernehmen in unserer Gesellschaft die gesetzlichen und privaten Krankenkassen. Dabei ist es ohne Belang, ob es um die Finanzierung der Langzeitschädigungen, wie etwa Alkoholismus, Leberzirrhose, Lungenkrebs und Raucherbein geht, oder um akute Schädigungen und Krankheiten, wie z.B. Alkoholvergiftung, Nikotinvergiftung, akute Atemwegserkrankungen etc. Auch die Behandlung von Verletzungen oder Erkrankungen, die aus anderen riskanten Beschäftigungen des Lebens und/oder bestimmten Lebensstilen folgen, werden von den Versicherungen bezahlt.

Wenn der Konsum von psychoaktiven Substanzen also einen Lebensstil darstellt bzw. Teil bestimmter Lebensstile ist und wenn er in seiner Gefährlichkeit die Gefahren sehr vieler anderer Beschäftigungen und Lebensstile teilt, dann kann nichts dagegen sprechen, die Schäden und Leiden, die aus ihm erwachsen, über die Krankenversicherungen abzurechnen. Gleichwohl hat der Präsident der Bundesärztekammer, Karsten Vilmar, jüngst erneut den Vorschlag unterbreitet, bestimmte riskante Lebenstile mit Risikoprämien zu belegen. Anders als Grinspoon (1989:42ff.; s.o., Kap. 2.4.), der risikohaftem Verhalten durch Aufschläge auf die Steuer (Harmfulness Tax) begegnen wollte, schlägt Vilmar vor, nicht bestimmte "Lebensstile" (z.B. Drachenfliegen, Übergewicht, Rauchen etc.), sondern vielmehr die dazu erforderlichen Konsumgüter als solche mit bestimmten Aufschlägen zu versehen. Denn was oben bereits vom Autor der vorliegenden Abhandlung als zu verwaltungsaufwendig abgelehnt wurde, hält auch der Präsident der Bundesärztekammer für unrealistisch:

"Es wäre wohl unsinnig, Krankenkassenschnüffler oder Wiegekommissionen durch die Lande zu schicken, um zu prüfen, wer sich gesundheitsgerecht verhält und wer nicht." (Interview in: DER SPIEGEL 31/1991:30)

Die Frage ist allerdings, wie und ob sich die Einführung solcher Prämien politisch durchsetzen ließe. Denn es steht außer Zweifel, daß sich die Lebenshaltungskosten durch eine solche *Konsum-Gefahr-Prämie* erheblich erhöhen würden, noch dazu, wenn Vilmar soweit geht, auch Übergewicht bzw. Waren, die hierzu beitragen, mit einem Aufschlag zu versehen. Eine solche Maßnah-

me ließe sich wohl nur dann rechtfertigen, wenn man gleichzeitig die tarifgebundenen Beiträge senken würde. Eine solche Senkung der Beiträge wiederum hält Vilmar für unrealistisch.
Gleichwohl hatten wir oben für die zu legalisierenden Drogen eine Steuer vorgeschlagen, die zweckgebunden in Drogen-Erziehung, -Hilfe, -Therapie etc. fließen sollte. Diese Steuer würde zwar nicht den Krankenkassen direkt zukommen, aber durch die Finanzierung diverser Hilfs- und Erziehungsangebote für Drogenkonsumenten würde den Krankenkassen doch ein großer Betrag der möglichen finanziellen Kosten abgenommen.
Für den Fall, daß der Leser trotzalledem meint, daß dies zu einer Kostenexplosion im Gesundheitsapparat führen würde, soll an dieser Stelle noch einmal wiederholt werden, daß der Konsum psychoaktiver Substanzen nicht per se Krankheitswert besitzt (vgl. Bossong 1991b:6). So ist z.B. oben darauf hingewiesen worden, daß fast alle akuten und chronischen Erkrankungen von Konsumenten heute illegaler Drogen in ihrer Intensität und Häufigkeit vor allem auf die Bedingungen des Konsums, d.h. auf die Bedingungen der Illegalität zurückzuführen sind. Auch ist es, wie wir gesehen haben, durchaus möglich, mit allen Drogen einen kontrollierten Umgang zu pflegen.
Darüberhinaus ist auch nicht jeder regelmäßige und/oder gewohnheitsmäßige Drogenkonsum Krankheit,
"sondern allenfalls als Risikoverhalten hin zur Sucht als Krankheit zu werten (...) Gleiches gilt für episodenhaften und dabei exzessiven Drogengebrauch. Auch hier wäre von einem erhöhten Risiko zu sprechen, nicht jedoch bereits von manifester Abhängigkeitserkrankung." (Bossong 1991b:7).
Im Falle einer Legalisierung sollten wir lernen, auch die Entscheidung über das Ob und Wie einer Krankheit an die Konsumenten zurückzugeben. Jeder Konsument hat, wie alle anderen

Personen auch, das Recht und die Selbstbestimmung, zu entscheiden, ob er sich krank fühlt oder nicht, und darüber, ob er einen Arzt aufsuchen will oder nicht. Das gilt sowohl für Fälle von akuten Erkrankungen als auch für Fälle von Langzeitschädigungen und Sucht. Denn auch eine Sucht nach z.B. Opiaten ist nicht einfach als Krankheit zu bezeichnen. Wie wir wissen, gab es nach dem zweiten Weltkrieg bis in die 60er Jahre hinein einen Typus von Opiat-Abhängigen (die sog. Klassischen Morphinisten; vgl. Schmidt-Semisch 1990a:31f. m.w.V.), die nicht auffällig wurden und darüberhinaus ihren regulären Tätigkeiten (als z.B. Ärzte, Apotheker, Professoren etc.) nachkamen.

"An einem 84-jähriger Arzt, der morphin-abhängig war, konnten nach einem kontinuierlichen Konsum über 60 Jahre keinerlei Anzeichen für geistige oder physische Abnormitäten nachgewiesen werden." (Kaplan 1985:128; O.Z.22)

Eine Krankheit, so könnte man (gerade für unseren Themenbreich) sagen, liegt in der Regel dann vor, wenn der Betroffene sein Befinden auch subjektiv als Leiden empfindet (vgl.z.B. Szasz 1978). Bossong (1991b:7) hat recht, wenn er sagt, daß sich im Fall des subjektiven Empfindens des Leidens eine intrinsische Behandlungsmotivation entwickele, auf die die professionelle oder Laienhilfe dann zu antworten habe. Wie diese Hilfe auszusehen hätte, müßte sodann in einem Dialog zwischen dem Hilfesuchenden und dem Arzt/Therapeuten/o.ä. ausgehandelt werden, und die Krankenkassen hätten diese Behandlungskosten zu tragen.

Zusammenfassend bedeutet dies, daß die Kosten zur Behandlung der möglichen Schäden und Erkrankungen durch den Konsum heute illegaler Drogen ebenso behandelt würden, wie die Schäden und Erkrankungen, die durch die Ausübung zahlreicher anderer riskanter Lebensstile verursacht werden können. Man hätte darüberhinaus eine Situation geschaffen, in der die Bereitschaft

zur Behandlung von Erkrankungen und damit auch die Effektiviät der Behandlungsmaßnahmen sehr erhöht wäre. Denn mit Bossong (1991b:7) kann man für die heutige Situation festhalten,
"daß die mitunter beobachtbare geringe Behandlungsbereitschaft der Drogengebraucher eher prohibitionsbedingt als ein Ausdruck von suchtbedingter Gleichgültigkeit ist. Angehörige kriminalisierter und sozial geächteter Subkulturen haben es prinzipiell schwer, sich zu offenbaren; dies aber ist unverzichtbar, wenn Behandlungen sinnvoll einsetzen sollen."
Mit der so beschriebenen Normalisierung des Drogengebrauchs auch im Gesundheitssystem hätte man also zweierlei erreicht: Erstens die Deckung der entstehenden Kosten, die im übrigen wohl nicht höher ausfallen würden, als bei anderen sog. Risikogruppen auch, zweitens die Möglichkeit zur relativ selbstbestimmten und damit effektiveren Behandlung der auftretenden Erkrankungen.

IV. Resümee: Drogen außer Kontrolle?

> *"Was kam zuerst: **das Problem des Drogenmißbrauchs** oder sein Name? Das einzige, dessen wir heute sicher sein können, ist, je mehr Hühner, desto mehr Eier und umgekehrt; und ebenso, je mehr Probleme, desto mehr Namen dafür und vice versa."*
>
> *(Thomas Szasz 1978:29)*

Es ist deutlich geworden, daß die herrschende und auf Prohibition setzende Drogenpolitik die von ihr selbst gesetzten Ziele nicht zu erreichen vermag, sondern vielmehr kontraproduktive Wirkungen und Folgen aufweist. Das Interesse dieser Abhandlung richtete sich daher auf Überlegungen, die eine Repressionsverminderung in der Drogenpolitik anstreben. Auf politischer Ebene geht es dabei z.Z. um Überlegungen, die eine Reform im Sinne der Entkriminalisierung von abhängigen Konsumenten und/oder einer Verabreichung oder Verschreibung von Original-Drogen an Abhängige erwägen. Es mußte allerdings konstatiert werden, daß solche Maßnahmen nicht in der Lage sind, die drogenpolitische Situation entscheidend zu verbessern.

Ein Blick in die - vor allem auch anglo-amerikanische - Literatur zeigte, daß im akademischen Bereich auch weitergehende Vorschläge in Bezug auf eine Legalisierung bzw. Freigabe illegaler Drogen diskutiert werden. Die ökonomischen, rechtsphilosophischen und integrativen Begründungen für eine solche Politik zeigten, daß diese Argumente eine Freigabe illegaler Drogen nahelegen. Allerdings war zu konstatieren, daß in der bisherigen Freigabe-Debatte zwar ein ganzes Spektrum von Argumenten zur

Begründung einer Freigabe geliefert worden ist, gleichwohl aber Überlegungen zur Operationalisierung einer solchen Freigabe lediglich in ersten Ansätzen unternommen worden sind. Es galt daher, ein Modell inhaltlich zu konzipieren, welches die gesetzliche Regelung der heute noch illegalen Drogen an die der heute legalen Drogen angleichen sollte.

Hierbei ergab sich zunächst die Notwendigkeit, den Begriff *Genußmittel* definitorisch zu fassen und abzugrenzen. Der Begriff des Genußmittels ist historisch unterschiedlich definiert worden; auch heute läßt sich keine (moralisch) einheitliche Definition finden. Wir orientierten uns daher an jenem Gesetz, daß in unserer Gesellschaft die legalen Genußmittel regelt: Dem Lebensmittel- und Bedarfsgegenstände-Gesetz (LMBG). Nach diesem Gesetz sind Genußmittel Stoffe, die nicht in erster Linie zum Zwecke der Ernährung oder zum Zwecke der Linderung, Heilung oder Verhütung von Krankheiten verzehrt werden, sondern vielmehr zum Zwecke des Genusses. Dabei ist es dem Begriff der Genußmittel durchaus immanent, daß von ihnen anregende Wirkungen auf körperliche Funktionen ausgehen, z.B. auf die Magen- und Darmtätigkeit, auf Gehirn, Kreislauf oder Herz etc. Genußmittel können nach dem LMBG durch Essen, Kauen, Trinken, Rauchen, Schnupfen sowie jede sonstige Zufuhr von Stoffen in den Magen, die Lunge oder die Nase konsumiert werden.

Es wurde deutlich, daß diese Definition der Genußmittel auch die heute illegalen Drogen erfassen könnte. Die antizipierte lebensmittelrechtliche Regelung illegaler Drogen ergab eine Anzahl von Fragen, deren Beantwortung folgendermaßen zusammengefaßt werden kann: Alle heute noch illegalen Genußmittel sollen freigegeben und als gestaffelte Palette von Produkten mit unterschiedlichen Wirkstoffkonzentrationen und Applikationsformen angeboten werden, um den unterschiedlichen Konsumentenbedürfnissen gerecht zu werden. Die Dosierungen der einzelnen Substanzen reichen dabei von leichten stimulierenden Wirkstoffkonzentrationen bis hin zu Substanzen mit hohem Wirkstoffanteil. Jede Dosis (vor allem bei hohen Wirkstoffkonzentrationen) ist einzeln zu verpacken und darf die durchschnittliche letale Dosis eines für die jeweilige Droge ungeübten Konsumenten nicht überschreiten. Jede Einzelverpackung sowie jede mehrere Einzelpackungen umschließende Verpackung muß die in Kapitel 2.5. genannten Warnhinweise enthalten. Zudem muß den Verpackungen ein (weitere Infomationen enthaltender) Beipackzettel beigefügt werden. Die Verpackungen der einzelnen Drogenarten sollten sich in ihrer Farbe unterscheiden; die Farbintensität kann hierbei eventuell den Wirkstoffgehalt der jeweiligen Substanz zum Ausdruck bringen (z.B. hellgrün für rauchbares Opium und giftgrün für injizierbares Heroin).

Vermarktungsorientierte und bedürfniserzeugende Werbung ist verboten. Erlaubt sind dagegen Publikationen, die der sachlichen Aufklärung und Produkt-Information über den Gebrauch psychoaktiver Substanzen dienen. Diese Publikationen dürfen in den jeweiligen Verkaufsstellen und im Buchhandel vertrieben werden. In Zweifelsfällen bzgl. des Informationswertes von Informations- und Aufklärungsmaterial entscheidet eine ständige Kommission, die sich aus Pharmakologen, Drogenkonsumenten, Juristen, Drogenforschern, Deligierten der Verbraucherschutzverbände etc. zusammensetzt.

Der Handel mit und Verkauf von Genußmitteln wird auf den Fachhandel beschränkt und an den Erwerb einer Lizenz gebunden. Als Fachhändler können gelten: Apotheker, Gastwirte, die normale Kneipen oder auch spezielle Drogen-Kneipen betreiben, erfahrene Drogenkonsumenten und -händler etc.

Es werden Wirkstoffmengen-orientierte Steuern erhoben, die zweckgebunden in den Bereich der Drogen-Aufklärung, -Information, -Beratung, -Hilfe, -Erziehung etc. zurückfließen sollen. In diesem Zusammenhang wäre auch eine Zweckgebundenheit der Steuern für heute bereits legale Substanzen (Alkohol-Steuer, Tabak-Steuer) anzustreben.

Die Überwachung der Herstellung und Qualität der Produkte erfolgt im Rahmen der üblichen Maßnahmen der Lebensmittelüberwachung, d.h. einerseits durch betriebliche Ein- und Ausgangskontrollen der eingehenden Rohstoffe bzw. hergestellten Produkte und andererseits durch die behördliche Lebensmittelüberwachung sowie die Maßnahmen und Kontrollen der Verbraucherschutzverbände etc. Es gelten die üblichen und weitgehenden Regelungen zur Produkthaftung im Falle von Schädigungen, die dem Konsumenten selbst nicht anzulasten sind. D.h. bei Konstruktions-, Instruktions, Fabrikations- oder Entwicklungsfehlern haftet entweder (bei Konstruktions- und Instruktionfehlern) der Hersteller selbst bzw. seine Haftpflichtversicherung oder (bei Farbrikations- und Entwicklungsfehlern) ein einzurichtender Fond.

Bei Schädigungen, die aus dem sachgemäßen oder unsachgemäßen Konsum einwandfrei-hergestellter psychoaktiver Substanzen resultieren, werden die Kosten für Hilfe, Behandlung, Therapie etc. von den Krankenkassen übernommen und ebenso gehandhabt, wie Schädigungen und Erkrankungen, die durch die Ausübung anderer riskanter Lebenstile verursacht werden können. Der Staat, der die eingenommenen Drogensteuergelder in Aufklärung, Erziehung und eine Palette anderer Hilfsangebote investiert, entlastet die Krankenkassen hierbei indirekt in finanzieller Hinsicht.

Konsumbeschränkungen sind den Beschränkungen zum Konsum von Alkohol im Straßenverkehr, am Arbeitsplatz, für Minderjährige etc. anzugleichen. Dabei ist man sich bewußt, daß solcherlei

Konsum-Beschränkungen bzw. Drogen-Kontrollen keinen absoluten Schutz bieten. Unvernunft, Unvorsichtigkeit und Fahrlässigkeit sind ein Risiko-Faktor jeder Gesellschaft, dem nur, wenn auch unvollkommen, mit Aufklärung und Erziehung zu einem verantwortlichen bzw. verantwortungsbewußten Umgang mit psychoaktiven Substanzen begegnet werden kann.

Das vorgeschlagene Genußmittel-Modell bietet den bestmöglichen Schutz für die Konsumenten von Genußmitteln sowie für die Gesellschaft als ganze. Es versucht diesen Schutz der Konsumenten und der Gesellschaft nicht mit Hilfe strafrechtlicher Strategien zu sichern, sondern geht den Weg der bestmöglichen Information und der Qualitätssicherung der Produkte. Der Konsument kann sich mit der Droge seiner Wahl ausführlich und sachlich vertraut machen, ist immer darüber informiert, welche Substanz er in welcher Konzentration zu sich nimmt und kann sich der Qualität der angebotenen Produkte sicher sein. Er hat die Wahl zwischen wirkstoffärmeren und hochkonzentrierten Substanzen sowie zwischen verschiedenen Applikationsformen. Er kann sich mit den negativen wie auch den positiven Wirkungen der Drogen vertraut machen und hat die Möglichkeit, sie unter verschiedenen, seinen Bedürfnissen entsprechenden Umständen zu konsumieren. Es besteht die Möglichkeit, die Droge alleine (z.B. in den eigenen vier Wänden) oder mit anderen zusammen zu gebrauchen sowie in eine der speziellen Drogenkneipen zu gehen, um seinen Konsum in einer bestimmten Atmosphäre zu betreiben. Der Konsument kann die Art der Applikation frei wählen und darüber entscheiden, in welcher Konzentration er die Substanz zu sich nehmen will. Er ist nicht mehr, wie heute, dazu gezwungen, *die* Substanz zu konsumieren, die auf einem schwarzen Markt gerade im Angebot ist, sondern kann frei über das Was und Wie des Drogenkonsums entscheiden. Er hat jederzeit Zugang zu gesundheitlich unbedenklichem und sterilem Zubehör (z.B. Einwegspritzen). Im Falle von Problemen mit Genußmitteln steht ihm ein breites Angebot von Hilfen zur Verfügung. Er kann sich entweder an die bestehenden Drogenberatungs- oder Hilfe-Stellen wenden oder einen Arzt seines Vertrauens aufsuchen. D.h. er kann Hilfe, Behandlung oder Therapie dann und so in Anspruch nehmen, wann und wie er dies für subjektiv richtig und notwendig erachtet. Der Konsument ist, um es zusammenfassend zu formulieren, sowohl in der Art und Weise seines Drogenkonsums frei als auch bei der Wahl der ihm persönlich notwendig erscheinenden Hilfe.

Die Gesellschaft als ganze profitiert von der erfolgten Legalisierung in Form von Einsparungen im Strafverfolgungs- und Strafvollstreckungsbereich, der Tatsache, daß die Konsumenten und Abhängigen nicht mehr dazu gezwungen sind, sich die finanziellen Mittel mit Hilfe von Beschaffungskriminalität zu sichern etc. Die mit bis zu zwei Dritteln mit Drogenkonsumenten belegten und z.T. überfüllten Gefängnisse, werden sich leeren. Zum einen deshalb, weil die Drogen und der Verkehr mit ihnen nicht mehr verboten sind, zum anderen auf Grund der Tatsache, daß die sog. Beschaffungskriminalität nicht mehr notwendig ist. Darüberhinaus wird der Staathaushalt geringer belastet, da die notwendig gewordenen Maßnahmen weitgehend aus den Drogen-Steuer-Einnahmen bestritten werden können. King (1990:12) bezeichnet diese Einsparungen wohl mit einigem Recht als *peace dividends*, als Friedensdividenden.

Dementsprechend wird alles das, was wir heute mit Drogen, Drogenkonsum und -abhängigkeit assoziieren, weitgehend verschwinden.

Im Verlaufe der Abhandlung ist zudem nach den möglichen Problemen einer Freigabe illegaler Drogen gefragt worden.

Hierbei konnte die quantitative Frage nach einem Anstieg der Konsumenten- und Abhängigen-Zahlen zwar nicht abschließend geklärt werden, es konnten aber sehr wohl Indizien dafür angeführt werden, daß ein Anstieg der Zahlen eher unwahrscheinlich erscheint. Abgesehen von der statistischen Zahl der Gebraucher, kam vor allem auch den Veränderungen der qualitativen Bedingungen des Konsums Bedeutung zu. Diese Veränderungen manifestieren sich in der besseren Information und Aufklärung der Konsumenten sowie der Gewährleistung der Qualität der jeweiligen Produkte, aber auch im Wegfall der sekundären sozialen und psychischen Belastungen der Konsumenten, resultierend aus Strafverfolgung, Inhaftierung, Beschaffungskriminalität, schlechter medizinischer Versorgung auf Grund der Angst der Konsumenten vor Entdeckung und Verfolgung oder eines fehlenden Versicherungsschutzes etc. Es konnte daher angenommen werden, daß sich, so unsicher die quantitativen Schätzungen auch ausfielen, die Probleme der genußmittel-konsumierenden Bevölkerung in psychischer und physischer Hinsicht erheblich reduzieren würden. Diese Aussagen wurden stets im Bewußtsein der Tatsache gemacht, daß es keiner Drogenpolitik gelingen kann, jede Art von Problemen, d.h. exzessiven oder unsachgemäßen Gebrauch, Abhängigkeit etc. vollständig zu eliminieren. Diese Probleme können weder mit prohibitiv-repressiven noch mit lebensmittelrechtlichen Strategien abschließend gelöst werden. Während aber die Prohibition bekanntermaßen zu zahlreichen sekundären und prohibitionsinduzierten Schädigungen der Konsumenten und der Gesellschaft führt, bietet das Genußmittel-Modell die Möglichkeit, die Schädigungen des Konsums psychoaktiver Substanzen auf ein gesellschaftlich-"normales" Maß zu reduzieren. Die weiterhin bestehenden gesellschaftlichen Bedingungen, die dazu führen können, daß einige Menschen Drogen exzessiv ge- oder (wie auch immer) mißbrauchen, zeigen, daß die eigentlichen Drogenprobleme im Grunde auch gesellschaftspolitische Probleme sind. Die Implementierung des Genußmittel-Modells und die mit ihr verbundene Normalisierung bietet die Voraussetzung dafür, problematischen Drogenkonsum auch als Folge gesellschaftspolitischer Probleme zu begreifen, und damit *die* Problem-Bereiche der Gesellschaft thematisierbar zu machen, die heute noch von den prohibitions-bedingten Problemen überlagert werden. Dann erst ist der Punkt erreicht, an dem über die eigentlichen Probleme, die einige Menschen mit Drogen haben, diskutiert werden kann, ohne daß sekundäre, (durch die Prohibition) produzierte Probleme die Sicht verstellen. Der heute in jeder Hinsicht paranoide Diskurs über illegale Drogen und ihre Konsumenten könnte sich in eine gleichberechtigte Interaktion und Kommunikation über Genußmittel wandeln: Es könnte ein Dialog entstehen zwischen Heroinkonsumenten und Alkoholkonsumenten, zwischen Kaffeetrinkern und Kokainschnupfern, zwischen Tabakrauchern und Haschischkonsumenten, aber auch zwischen Hilfesuchenden und Helfenden, zwischen Drogenkonsumenten und Abstinenzlern u.s.w.

Die heute illegalen Drogen würden im Falle einer Legalisierung also keineswegs außer Kontrolle geraten, sondern es würden lediglich die Kontrollinstrumentarien wechseln, die dann allerdings informelle bzw. (sub-) kulturelle, dialogische und damit letztlich angemessenere (wenn auch z.T. nicht unbedingt angenehmere) Kontrollmechanismen wären.

In einer pluralistischen und sich zunehmend differenzierenden (multikulturellen) Gesellschaft sollte das Verstehen und die Akzeptanz verschiedener Lebensstile Basis und Ziel des gesellschaftlichen und politischen Lebens und Handelns sein. Durch das Verbot oder die Unterdrückung bestimmter Lebensformen,

Lebensstile oder Verhaltensweisen, wie z.B. eben der Vorliebe für bestimmte Genußmittel, wird nichts weiter gewonnen, als daß die Rechtschaffenen sich im Recht fühlen auf Kosten von Individuen, die ihr Leben anders gestalten als die Mehrheit.

Verzeichnis
der englisch-sprachigen Originalzitate

O.Z.0: "If posterity survives our times, what it will think of us, the leading tribe of the atomic age, explorer of the universe and master of the power of the sun, whose high priesthood decrees death for traders in certain taboo leaves, flowers and grasses?"

(King 1990:12)

O.Z.1: "James Madison once said, 'If men were angels, no government would be necessary.' There is a corollary to that, which is that government cannot exist without devils."

(Ksir 1989:159)

O.Z.2: "The presence of deviant drug-taking behavior thus provides an opportunity for television, newspapers and magazines to attract viewers and readers. This results not only in increased advertising revenues, but also in professional opportunities for repoters and editors to work on a topic considered to be significant. They can see the impact of their work on peoples' attitudes and feel good not only about the skill with which they have worked but also feel that they are doing work that ist beneficial to society."

(Ksir 1989:160)

O.Z.3: "We might like to choose environmental pollution or urban poverty as real threats to be dealt with, but my pessimistic view is that they will be poor substitutes because they are devils without faces."

(Ksir 1989:163)

O.Z.4: "We cannot cure the drug problem. We make no pretence that we can. The British System works only so far as it contains the problem better than any other so far tried. It minimizes the harm to the individual and society - it does not eradicate it."

(Fazey 1989:198)

O.Z.5: "The best results were obtained with respect to housing, income management, social relations, and 'scoring' (criminal behaviour for the provision of drugs). Less effects can be reported with respects to daily activities. Many clients spent more time at home, but it was very difficult to motivate them to do something. Most of the time they were rather passive; watching television (...) A general conclusion is that the more concrete the problem is the better the results of active interventions on part of care providers."

> (Derks, Jack (1990): Het Amsterdamse Morfine-verstrekkingsprogramma. Een longitudinaal onderzoek extreem problematische druggebuikers, nederlands centrum Geestelijke volksgezondheit NcGv-reeks 90-3, Utrecht, zitiert bei Noller (1990:74)

O.Z.6: "The vast amoumt of money spent to counter this problem with criminal justice has engendered for more crime than it has prevented.
The financial cost is not a trivial factor. A rough estimate of the combined expense of detection, interdiction, and imprisonment by federal, state, and local governments is $50 billion a year, and there are additional losses from burglary and other indirect effects of criminalization (...) The most effective and least expensive method of dealing with dangerous substances is honest discussion of their risks and benefits, control or prohibition of advertising, and generally treating them as we now treat alcohol and tabacco."

(Hilgart 1990:317f.)

O.Z.7: "How is it possible that you handle the problem of drug abuse in such a unbusiness-like way."

(Rüter 1990:192)

O.Z.8: "Everytime you arrest Mr. Number One, there is Mr. Number Two to fill his shoes. Indeed, it is often from Number Two that the police get the information to arrest Number One."

(Nadelmann 1990:25)

O.Z.9: "The only part of the conduct of anyone for which he is amenable to society is that which concerns others. In the part which merely concerns himself, his independence is, of right, absolute. Over himself, over his body and mind, the individual is sovereign."

(Mill 1956, zit bei Gieringer 1989:137)

O.Z.10: "Who has the right to determine what thoughts you may or may not think? Many Americans believe that they as individuals have the right to determine what goes on in their own minds, that thought control is not the right of a government. But drug control is a kind of thought control.
I propose we recognize a new freedom, freedom of the mind. Freedom of the mind is the right to choose *how* one will think, to select one's cognitive processes. This means selecting one's mindbody state, provided, of course, it does no harm to others."

(Roberts 1990:295)

O.Z.11: "No one seriously expects a future America to be populated only by saints, and such pious goals as a 'drug-free America' are only empty slogans."

(Ksir 1990:157)

O.Z.12: "These are not moral arguments, however, nor even properly medical arguments. They are the arguments of maximal pleasurable effect, or of minimal physical harm and psychic distress. They are, in short, the arguments of the users. Rather than attempting to act on the realities of drug taking from without, by means of coercion, intelligent policy should seek to work from within, from the very mental perspective of the users themselves."

(Henman 1989:175)

O.Z.13: "If legalization movement's hypothesis proves wrong it will be too late to go back to the *status quo ante*. Returning to prohibition after a period in which millions of consumers developed a taste for new drugs would be daunting challenge, to say the least."

(Jacobs 1990:41)

O.Z.14: "If users desire the drug because of the thrill of enjoying 'forbidden fruit' or because they wish to defy society's laws, they might lose interest in freely available heroin."

(Kaplan 1985:112)

O.Z.15: "There is no evidence that the opiats produce organic central nervous system damage or other pathology, even after decades of continous use (...) Studies of the rare middle-class heroin or morphin addicts who, either legally or illegally, had maintained on opiats confirm this. They indicate that such addicts suffer from no health problems that are not shared by general population."

(Kaplan 1985:128)

O.Z.16: "Only by obtaining a license could a person legally purchase a limited amount of the particular drug for he or she is licensed to use."

(Wilmot/Ryan 1989:149)

O.Z.17: "The information on the license would include the persons vital statistics, pictures, thumb print, and the type of drug(s) the license is good for. (...) Like an ATM card that is used at machines to dispense money, the license would be used at ATM machines that dispense drugs. The only difference being that the person has to insert money to receive the drug (...) The machines would be located in centers set up each state. The centers would be staffed by people to verify that the license was issued to the person who wants to access the machine. These people would also sell paraphernalia, provide drug use advice and treatment information. The state governments would operate the centers and manage the drug distribution."

(Wilmot/Ryan 1989:150)

O.Z.18: "To establish a freely available market in drugs, the government should not determine what sorts of businesses can sell them, and some that might be chosen may not want to. Small-scale dealers who are now operating illegally out of their own homes should not be prevented from continuing as legitimate sellers, with reduced profit. Purchasing from these dealers is often a social experience, with several customers using drugs together and talking. This enviroment, admittedly might promote 'pushing', but if it were eliminated by regulation, black market enterprises would quickly spring up to replace it. An alternative, dispensing free drugs, is an unacceptable burden on the taxpayer. Of course, all local and federal restrictions applying to public sellers, such as bars and pharmacies, would also apply to them."

(Lord 1989:374f.)

O.Z.19: "To illustrate the kind of calculation involved, it was recently estimated that direct health care costs plus indirect losses in productivity and earnings due to cigarettes amount to 65 billion dollars a year, or about two dollars a pack. (The exact figures depend on how costs are defined; for example, the economic loss from smoking may be 'balanced', in a perverse way, by the lowered cost of caring for chronic disabling diseases of old age in a society where many die young of smoke-related illness.) Such a taxation policy might be regarded as a way of making people buy insurance for the risks to themselves and others in their use of drugs. Life insurance companies already offer substantial discounts in their premiums for non-smokers, and this insurance preference is slowly being extended to fire and other insurance policies."

(Grinspoon 1989:42)

O.Z.20: "A new drug market-place must not operate on classical commercial principles, that is, principles of creating markets and increasing consumers demand to generate continued profits. Marketing regulations for prescription drugs have demonstrated their ineffectivness in promoting informed use, in preventing addiction, or in meeting public health concerns. In the current health system, the consumer is inadequately informed about the drug he or she consumes, and about drugs in general."

(Beauchesne 1990:43)

O.Z.21: "Paralleling what occurred at the end of alcohol prohibition, some of the people who have gotten rich from illegal drugs would probably launder their images and play key roles in the now-legal distribution system. The South American drug barons would certainly continue to control the supply of cocaine, and since their sales to American importers would be legal (at least under American law), their position in South American politics would be greatly strengthened - a development that might not ease tensions between those countries and the United States."

(Jacobs 1990:29f.)

O.Z.22: "An 84 year-old physician who was an morphine addict was found to exhibit no evidence of mental or physical deterioration after continous use for sixty years."

(Kaplan 1985:128)

LITERATURVERZEICHNIS

Alexander, Bruce K. (1990): Alternatives to the War on Drugs, in: The Journal of Drug Issues (20), 1990, S.1-27
Alexander, Bruce K./Wong, L.S. (1990): Adverse Effects of Cocaine on the Heart: A Critical Review, in: Trebach/Zeese 1990b, a.a.O., S.257-267
Amendt, Günter (1984): Sucht - Profit - Sucht, Frankfurt a.M.
Amendt, Günter (1989): Drogenfront, in: Konkret 7/89, S.18-21
Anwari-Alhosseyni, Schams (1982): Haschisch und Opium im Iran, in: Völger/Welck 1982, a.a.O., Bd.2, S.822-833
Arfs, Jörn (1991): Unter dem Fluch des Kokains. Lateinamerikas Wirtschaft wird immer abhängiger von der Droge - der Kampf dagegen immer aussichtsloser, in: Die Zeit, 16.8.1991
Arlacchi, Pino (1989): Mafiose Ethik und der Geist des Kapitalismus. Die unternehmerische Mafia, Frankfurt a.M.
Arnao, Giancarlo (1980): Die Gegner der Legalisierung verstecken sich hinter einem Feigenblatt, in: KB (7), S.44-47
Austin, Gregory (1982): Die europäische Drogenkrise des 16. und 17. Jahrhunderts, in: Völger/Welck 1982, a.a.O., Bd.1, S.115-132
Baratta, Alessandro (1990): Rationale Drogenpolitik? Die soziologischen Dimensionen eines strafrechtlichen Verbots, in: KrimJ (22), S.2-25
Beauchesne, Line (1990): Health Promotion and Protection of Civil Rights of Drug Users, in: Trebach/Zeese 1990b, a.a.O., S.40-45
Beck, Ulrich (1986): Risikogesellschaft. Auf dem Weg in eine andere Moderne, Frankfurt a.M.
Behr, Hans-Georg/Juhnke, Andreas (Hg.) (1985): Drogenpolitik in der BRD, Reinbek
Berger, Herbert/Reuband, Karl-Heinz/Widlitzek, Ulrike (1980): Wege in die Heroinabhängigkeit. Zur Entwicklung abweichender Karrieren, München

Blume, Otto/Müller, Gislinde (1976): Werbung für Markenartikel. Auswirkungen auf Markttransparenz und Preise, Göttingen

Böllinger, Lorenz (1991): Rechtsgutachten für die Deutsche AIDS-Hilfe e.V.: "Möglichkeiten und Grenzen der Legalisierung und Entkriminalisierung des Betäubungsmittelgebrauchs im Rahmen einer Novellierung des BtMG", Bremen

Bossong, Horst/Mahrzahn, Christian/Scheerer, Sebastian (Hg.) (1983): Sucht und Ordnung, Frankfurt a.M.

Bossong, Horst (1991a): Risikokontrolle durch Drogenpolitik. Programmatische Überlegungen für eine neue Drogenpolitik, in: Ludwig/ Neumeyer 1991, a.a.O., S.69-91

Bossong, Horst (1991b): Perspektivenwandel in der Drogenpolitik: Taugt das Krankheitsparadigma für ein Integrationsmodell, Vortrag auf dem FDR-Kongreß am 11.6.1991 in Braunschweig

Brecher, Edward (1972): Licit an Illicit Drugs, Boston, Toronto

Brusten, Manfred (1988a): Entkriminalisierung, in: Fuchs u.a., a.a.O:, S.191

Brusten, Manfred (1988b): Kriminalisierung, in: Fuchs u.a., a.a.O., S.433

Bülow, Albrecht von (1989a): Entkriminalisierung der Heroinkonsums, in: VOR-SICHT, 2/1989, S.14/15

Bülow, Albrecht von (1989b): Kontrollierter Heroingenuß - eine bisher kaum bekannte Konsumvariante, in: KrimJ (21), S.118-125

Bühringer, G. (1990): Drogenabhängigkeit: Spielball der Gesundheitspolitik?, in: Politik und Zeitgeschichte, Beilage zu 'Das Parlament', B 42/90, S.12-27

Bürgerschaft der Freien und Hansestadt Hamburg (1992): Mitteilung des Senats an die Bürgerschaft. Landesprogramm Drogen, hier: Sachstand der Umsetzung und Fortführung des Landesprogramms, 24.03.92, (Drucksache 14/1397)

Bundesregierung (1974): Antwort der Bundesregierung auf die kleine Anfrage der Abgeordneten Vogt u.a. bzgl. der Auswirkungen des Zigarettenrauchens (BT-Drs.7/2070), Bonn

Bundesregierung (1977): Antwort der Bundesregierung aud die Kleine Anfrage der Abgeordneten Hasinger u.a. bzgl. der gesundheitsschädlichen Auswirkungen des Zigarettenrauchens (BT-Drs. 8/662), Bonn

Burian, Wilhelm (1980): Die Cannabis-Legende. Überlegungen zur Ideologiegeschichte der Medizin, in: KB (7), S.92-105

Busch, Heiner u.a. (1985): Die Polizei in der Bundesrepublik, Frankfurt a.M., New York

Castaneda, Carlos (1973): Die Lehren des Don Juan. Ein Yayui-Weg des Wissens, Frankfurt a.M.

Castaneda, Carlos(1975): Eine andere Wirklichkeit. Neue Gespräche mit Don Juan, Frankfurt a.M.

Castaneda, Carlos (1976a): Reise nach IXlan. Die Lehre des Don Juan, Frankfurt a.M.

Castaneda, Carlos (1976b): Der Ring der Kraft. Don Juan in den Städten, Frankfurt a.M.

Castaneda, Carlos (1980): Der zweite Ring der Kraft, Frankfurt a.M.

Chapin, Joanna (1990): Some Psychological Aspects of Opposition to the Concept of Legalization of Drugs, in: Trebach/Zeese 1990b, a.a.O., S.297-302

Christie, Nils/Bruun, Kettil (1991): Der nützliche Feind. Die Drogenpolitik und ihre Nutznießer, Bielefeld

Cohen, Peter (1989): Cocain-Use in Amsterdam in Non-Deviant-Subcultures, Amsterdam

Coser, Lewis A. (1979): Einige Funktionen abweichenden Verhaltens und normativer Flexibilität, in: Sack/König 1979, a.a.O., S.21-37

Daansen,Peter J./Derks, Jack (o.J.): Die Heroinverabreichungsdiskussion in der Niederlanden, unv.Manuskript, Utrecht

Dammann, Burkhard/Scheerer, Sebastian (1985): Meschenwürde in der Drogentherapie, in: Psychologie & Gesellschaftskritik 1985, S.77-94

Dennis, Richard (1990): The American People Are Starting To Question The Drug War, in: Trebach/Zeese 1990a, a.a.O., S.217-227

Derks, Jack/Daansen, Peter (1986): Injizierbare Opiatverabreichung zur Behandlung chronischer Drogenabhängiger - das Amsterdamer Morphiumexperiment, in: KrimJ (18), S.39-49

Drogenreferat Frankfurt (1990): 1. Konferenz: Europäische Städte im Zentrum des illegalen Drogenhandels, Frankfurt a.M. 20.11. - 22.11.1990, Dokumentation, Frankfurt a.M.

Duerr, Hans Peter (1985): Traumzeit. Über die Grenze zwischen Wildnis und Zivilisation, Frankfurt a.M.

DuPont, R.L./Goldstein, A./O'Donell, J. (Hg.) (1979): Handbook on drug abuse, Washington

DuToit, Brian M. (1982): Cannabis in Afrika, in: Völger/Welck 1982, a.a.O., Bd.2, S.872-898

Eichler, Oskar (1976): Kaffee und Coffein, zweite, völlig neu bearb.Aufl., Berlin, Heidelberg, New York

Eisenbach-Stangl, Irmgard/Pilgram, Arno (1980): Legalize it? Argumentationen für und gegen die Freigabe von Cannabis, in: KB (7), S.1-18

Emmerlich, Alfred (1991): Drogen - Strafrecht - Polizei: Ludwig/Neumeyer 1991, a.a.O., S.50-58

Evans, Richard M. (1990): The Many Forms of Legalization: Beyond 'Wether' to 'How', in: Trebach/Zeese 1990b, a.a.O., S.6-12

Fahrenkrug, Hermann (1989): Trinkgewohnheiten und Trinkstile, in: Scheerer/Vogt 1989, a.a.O., S.73-87

Fazey, Cindy (1989): The British System has not Failed, in: Trebach/Zeese 1989, a.a.O., S.195-200

Frehner, Peter (1990a): Drogenpolitik an der Urne, in: die kette (16), 3/90, S.3-6

Frehner, Peter (1990b): Sich selber aus dem Sumpf ziehen, in: die kette (16),4/90, S.5-11

Freud, Sigmund (1884): Über Coca, in: Centralblatt für die gesammte Therapie 1884, S.289-314

Fuchs, Werner u.a. (Hg.) (1988): Lexikon zur Soziologie, 2.verbesserte und erw.Aufl., ungekürzte Sonderausgabe, Darmstadt

Fülgraff, Georges (Hg.) (1989): Lebensmittel-Toxikologie. Inhaltsstoffe, Zusatzstoffe, Rückstände, Verunreinigungen, Stuttgart

Furst, Peter (1982): Peyote und die Huichol-Indianer in Mexiko, in: Völger/Welck 1982, a.a.O., Bd.2, S.801-815

Gable, Robert S. (1989): Risk Management Strategies for Abusable Substances, in: Trebach/Zeese 1989, a.a.O., S.152-156

Gekeler, Rudolf (1988): "Ich habs allein geschafft", in: Psychologie Heute (Hg.): Thema: Sucht. Die tägliche Versuchung, Weinheim, Basel, S.145-156

Gelpke, Rudolf (1982): Vom Rausch im Orient und Okzident, Frankfurt a.M., Berlin, Wien

Gieringer, Dale (1989): Towards a Users' Rights Drug Policy, in: Trebach/Zeese 1989, a.a.O., S.138-145

Goldstein, Avram (1990): Dangers of legalizing addicting drugs, Papier der Stanfort Univerity School of Medicine, Stanford

Goldstein, Paul/ Brownstein, Henry H./ Ryan, Patrick J./ Bellucci, Patrick A. (1990): Prohibition May Be More Toxic Than Crack, in Trebach/Zeese 1990a, a.a.O., S.75-78

Grimm, Gorm (1985): Die Lösung des Drogenproblems. Fakten statt Dogmen! Wissenschaftlich gesicherte Antworten zu Fragen der Abstinenz- und Medikamentenbehandlung der Drogensucht, Altenholz

Grinspoon, Lester (1989): The Harmfulness Taz. A Proposal for Regulation and Taxation of Drugs, in: Trebach/Zeese 1989, a.a.O., S.41-45

Gunkelmann, Martina (1989a): Kokain: Die Substanz und ihre Wirkungsweise, in: Scheerer/Vogt 1989, a.a.O., S.354-359

Gunkelmann, Martina (1989b): Zur Geschichte des Kokains, in: Scheerer/ Vogt 1989, a.a.O., S.359-367

Gusfield, Joseph R. (1963). Symbolic Crusade: Status Politics and the American Temperance Movement, Urbana

Gusfield, Joseph R. (1975): Der Wandel moralischer Bewertungen: Devianzdefinition und symbolischer Prozess, in: Stallberg, Friedrich W. (Hg.): Abweichung und Kriminalität. Konzeptionen, Kritik, Analysen, Hamburg, S.167-180

Hahn, Peter/Muermann, Bettina (1986): Lexikon Lebensmittelrecht, Hamburg

Hansen, Per F. (1951): Die Sucht nach Genußmitteln und Rauschgiften, in: Möller 1951, a.a.O., S.29-55

Harding, Wayne M. u.a. (1980): Formerly-Addict-Now-Controlled Opiat Users, in: The International Journal of the Addiction (15), S.47-60

Harding, Wayne M. (1982): Kontrollierter Heroingenuß - ein Widerspruch aus der Subkultur gegenüber herkömmlichem kulturellen Denken, in: Völger/Welck 1982,a.a.O., Bd.3, S.1217-1231

Hartwich, C. (1911): Die menschlichen Genußmittel. Ihre Herkunft, Verbreitung, Geschichte, Anwendung, Bestandteile und Wirkung, Leipzig

Hartwig, Karl-Hans/Pies, Ingo (1989): Drogen von Staat. Plädoyer für eine ökonomisch fundierte Politik, in : Die Zeit, 3.3.1989, S.95

Hartwig, Karl-Hans/Pies, Ingo (o.J.): Ein ökonomisches Konzept für die Drogenpolitik, unv.Manuskript

Henman, Anthony R. (1989): Coca: an Alternative to Cocaine?, in: Trebach/Zeese 1989, a.a.O., S.165-176

Herger, Claus/Prins, Marina (1990): Drogen und gesundheitspolitische Maßnahmen in Liverpool, in: die kette (16), 3/90, S.7-12 u.21/22

Hess, Henner (1989a): Der illegale Drogenhandel: Scheerer/Vogt 1989, a.a.O., S.447-485

Hess, Henner (1989b): Drogenpolitik: Schattenwirtschaft und Abenteuerkapitalismus, in: Neue Kriminalpolitik 2/89, S.24-29

Hess, Henner (1989c): Tabak, in: Scheerer/Vogt 1989, a.a.O., Frankfurt a.M., S.125-158

Hess, Henner (1990): Drogenpolitik als Kunst des Möglichen, in: Forschung Frankfurt (8), 4/90, S.59-71

Hess, Henner (1991): Drogenmarkt und Drogenpolitik. Zur Kritik der Prohibition: Ludwig/Neumeyer 1991, a.a.O., S.32-49

Hilgart, Art (1990): The Real Drug Menace Is George Bush, in: Trebach/Zeese 1990b, a.a.O., S.316-318

Hippel, Eike von (1986): Verbraucherschutz, 3., neubearb. Aufl., Tübingen

Horst, Matthias (1988): Verbraucherinformationen bei verpackten Lebensmitteln, Köln u.a.

Hüffer, Uwe (1990): Selbstbeschränkung des Handels beim Automatenverkauf. Dargestellt am Beispiel des Erwerbs von Tabakwaren durch Jugendliche, Heidelberg

Huxley, Aldous (1991). Die Pforten der Wahrnehmung. Himmel und Hölle. Erfahrungen mit Drogen, 14.Aufl., München

Jacobs, James B. (1990): Imagining drug legalization, in: The Public Interest 101 (Fall 1990), S.28-42

Jahrbuch Sucht (1991), hrg.v. der Deutschen Hauptstelle gegen die Suchtgefahren, Hamburg

JES-INFO (o.J.): Leben mit Drogen. Safer Use - Weniger Risiko beim Spritzen, Faltblatt (Nr.1), Berlin

Johns, Christina J. (1990): Legalization at any Cost, in: Trebach/Zeese 1990b, a.a.O., S.17-21

Joset, Pierre (1991): Drogenpolitik und Betäubungsmittelrecht: Der Status quo und Reformansätze, in: Drogalkohol (15), S.85-96

Josuttis, Manfred (1982): Unbeholfene Überlegungen zu einer alternativen Drogenpolitik, in: Völger/Welck 1982, a.a.O., Bd.3, S.1284-1292

Kaplan, John (1985): The Hardest Drug. Heroin And Public Policy, Chicago

Kappel, Sibylle (1980): Aspekte des "Britischen Systems" der Behandlung Opiatabhängiger, in: Wiener Zeitschrift für Suchtforschung (3), S.33-35

Kappeler, Manfred (1991a): Drogen und Kolonialismus. Zur Ideologiegeschichte des Drogenkonsums, Frankfurt a.M.

Kappeler, Manfred (1991b): Odysseus bei den Lotophagen, in: Ludwig/Neumeyer 1991, a.a.O., S.21-31

Katholnigg, Oskar (1990): Ist die Entkriminalisierung von Betäubungsmittelkonsumenten mit scharfen Maßnahmen zur Eindämmung der Betäubungsmittelnachfrage vereinbar?, in: Goldammer's Archiv für Strafrecht (137), S.193-200

Kielholz, Paul/Ladewig, D. (1972): Die Drogenabhängigkeit des modernen Menschen, München

Kielholz, Paul/Ladewig, D. (1973): Die Abhängigkeit von Drogen, München

King, Rufus (1990): Legalization of Gambling as a Model for Drug-Law Reform, in: Trebach/Zeese 1990b, a.a.O., S.12-17

Krassner, Paul (1986): Ein unhöfliches Interview mit Timothy Leary, in: Reavis, Edward (Hg.) (1986): Rauschgiftesser erzählen. Eine Dokumentation, Frankfurt a.M., S.267-290

Kreuzer, Arthur (1989): Was sollte an der Drogengesetzgebung in der Bundesrepublik Deutschland geändert werden?, in: F.Buchholtz (Hg.): Suchtarbeit: Utopien und Experimente, Freiburg i.Br., S.43-61

Ksir, Charles (1989): Replacing the Cultural Functions of the War on Drugs, in: Trebach/Zeese 1989, a.a.O., S.157-163

La Barre, Weston (1982): Peyotegebrauch bei nordamerikanischen Indianern, in: Völger/Welck 1982, a.a.O., Bd.2, 816-820

Legnaro, Aldo (1982): Ansätze zu einer Soziologie des Rausches - zur Sozialgeschichte von Rausch und Ekstase in Europa, in: Völger/Welck 1982, a.a.O., Bd.1, S.93-114

Lettieri, Dan/Welz, Rainer (Hg.) (1983): Drogenabhängigkeit - Ursachen und Verlaufsformen. Ein Handbuch, Weinheim, Basel

Leu, Daniel (1984): Drogen - Sucht oder Genuß, 3.überarb.Aufl., Basel

Levine, Harry (1982): Mäßigkeitsbewegung und Prohibition in den USA, in: Völger/Welck 1982, a.a.O., Bd.1, S.241-251

Lewin, Louis (1980): Phantastica. Die betäubenden und erregenden Genußmittel. Für Ärzte und Nichtärzte, 2.erw.Aufl., Linden (Vollständige Neuauflage der Ausgabe von 1927)

Lips, Peter/ Marr, Folkert (1990): Wegweiser durch das Lebensmittelrecht, 3., neubearb.Aufl., München

Lord, Nancy (1989): A Practical Model for Drug Regulation, in: Trebach/Zeese 1989, a.a.O., S.371-399

Lord, Nancy (1990): Violence in Drug Trafficking: An Optimal Strategy for Dealers, in: Trebach/Zeese 1990b, a.a.O., S.318-325

Ludwig, Ralf/Neumeyer, Jürgen (Hg.) (1991): Die narkotisierte Gesellschaft? Neue Wege in der Drogenpolitik und akzeptierende Drogenarbeit, Marburg

Marks, John A. (1987): State Rationed Drugs: An Absurd Policy?, Hektographiertes Diskussionspapier, Merseyside

Marzahn, Christian (1983): Plädoyer für eine gemeine Drogenkultur, in: Beck, J. u.a. (Hg.): Das Recht auf Ungezogenheit, Reinbek, S.105-134

Mathiesen, Thomas (1979): Überwindet die Mauern, Neuwied und Darmstadt

McBride, Arthur/Shuler, John T. (1990): The Dispair Of The Foot Soldiers, in: Trebach/Zeese 1990a, a.a.O., S.210-217

Meyer, Justus (1989): Produkthaftungsgesetz und Arzneimittelhaftung, in: ZRP 6/89, S.207-210

Mino, Annie (1990): Wissenschaftliche Literaturanalyse zur kontrollierten Heroin- oder Morphinvergabe: In: Drogenreferat Frankfurt 1990, a.a.O., S.227-243

Möller, Knud O. (Hg.) (1951): Rauschgifte und Genußmittel, Basel

Moser-Schmidt, Erika (1982): Soziokultureller Gebrauch von Cannabis in Indien, in: Völger/Welck 1982, a.a.O., Bd.2, S.933-940

Mugford, Stephen K. (1989): Politics of Drug Law Reform in Australia: What We Should Do and Might do, but Probably Won't; Paper presented to The American Society of Criminology, Reno, Nevada, Nov 8-12, 1989

Nadelmann, Ethan A. (1988): The case for legalization, in: The Public Interset, Vol.92, S.3-31

Nadelmann, Ethan A. (1989): Drug Prohibition in the United States: Costs, Consquences, and Alternatives, in: Science, Vol.245, S.939-947

Nadelmann, Ethan A. (1990): The Solution Becomes The Problem, in: Trebach/Zeese 1990a, a.a.O., S.25-27

Noller, Peter (1990): Chancen und Risiken der kontrollierten Vergabe von Heroin/Morphin, Frankfurt a.M.

NORML (1980): Der Fall Marihuana. Zur Diskussion der Cannabislegalisierung in Italien, in: KB (7), S.19-37

Olson, Elizabeth C. (1990): A Social Worker Looks at the Drug Problem, in: Trebach/Zeese 1990b, a.a.O., S.230-232

Parry, Allan (1990): Taking Drugs Seriously: The Liverpool Experience, in: Trebach/Zeese 1990b, a.a.O., S.173-179

Peele, Stanton (1977): Redefining Addiction. Making Addiction A Scientifically And Socially Useful Concept, in: International Journal of Health Services (7), 1977, S.103-124

Pisani, Michael J. (1989): The Political Economicsm of Self-Medication. How much is Enough?, in: Trebach/Zeese 1989, a.a.O., S.106-109

Pommerehne, Werner W./Hart, Albert (1991): Verordneter Wahnsinn, in: Wirtschaftswoche 15.2.1991, S.67-70

Pommerehne, Werner W./Hartmann, Hans C. (1980): Ein ökonomischer Ansatz zur Rauschgiftkontrolle, in: Jahrbuch für Sozialwissenschaft (31), S.102-143

Popitz, Heinrich (1968): Über die Präventivwirkung des Nichtwissens. Dunkelziffer, Norm und Strafe, Tübingen

Projektgruppe TUdrop (1984): Heroinabhängigkeit unbetreuter Jugendlicher, hg.v.Wolfgang Heckmann, Weinheim, Basel

Quensel, Stephan (1980): Unsere Einstellung zu Drogen, in: KrimJ (12), S.1-16

Quensel, Stephan (1982): Drogenelend, Frankfurt a.M., New York

Quensel, Stephan (1985): Mit Drogen leben. Erlaubtes und Verbotenes, Frankfurt a.M., New York

Quensel, Stephan (1989): Cannabispolitik, in: Scheerer/Vogt 1989, a.a.O., S.396-404

Reeg, Axel R. (1989): Strafrecht in der Drogenpolitik. Was hilft - more of the same oder ein radikales Umdenken?, in: Neue Kriminalpolitik 2/89, S.36-39

Roberts, Thomas B. (1990): Cognitive Science, Religion and Academic Freedom vs. The Drug Prohibition Ideology, in: Trebach/Zeese 1990b, a.a.O., S.292-297

Rosenthal, A.M. (1990): Crack: Crime, Blood, Ans Monster Motrhers, in: Trebach/Zeese 1990a, a.a.O., S.62-64

Rüter, C.F. (1988): Die strafrechtliche Drogenbekämpfung in den Niederlanden. Ein Königreich als Aussteiger?, in: ZStW (100), S.385-404

Rüter, C.F. (1990): Basis of Dutch Policy, in: Trebach/Zeese 1990b, a.a.O., S.191-194

Sack, Fritz/ König, René (Hg.) (1979): Kriminalsoziologie, 3.Aufl., Wiesbaden

Salerno, Ralph F. (1990): The Anger Of A Retired Chief Detective, in: Trebach/Zeese 1990a, a.a.O., S.208-210

Scheerer, Sebastian (1983): Ordnungspolitik gegen Fixer: mögliche Nebenwirkung Tod?, in: Bossong u.a. 1983, a.a.O., S.14 ff.

Scheerer, Sebastian (1986a): Autonomer Drogengebrauch statt Strafjustiz, in: Ortner, Hemut: Freiheit statt Strafe. Plädoyers für die Abschaffung der Gefängnisse, 2.erw.Aufl., Tübingen, S.110-119

Scheerer, Sebastian (1986b): Drogen und Strafrecht, in: Criminal Law in Action 1986, S.199-213

Scheerer, Sebastian (1989): LSD und andere Halluzinogene, in: Scheerer/Vogt 1989, a.a.O., S.408-418

Scheerer, Sebastian/Vogt, Irmgard (Hg.) (1989): Drogen und Drogenpolitik. Ein Handbuch, Frankfurt a.M.

Scheffer, Karl-Georg (1982): Coca in Südamerika, in: Völger/Welck 1982, a.a.O., Bd.2, S.754-769

Scheffer, Karl-Georg (1989): Coca: Geschichte, traditioneller Gebrauch und Wirkungsweise, in: Scheerer/Vogt 1989, a.a.O., S.350-354

Schenk, J. (1979): Die Persönlichkeit des Drogenkonsumenten, Göttingen

Schivelbusch, Wolfgang (1990): Das Paradies, der Geschmack und die Vernunft. Eine Geschichte der Genußmittel, Frankfurt a.M.

Schlaadt, Richard G./Shannon, Peter T. (1986): Drugs of Choice. Current Perspectives on Drug Use, 2.ed., Englewood Cliffs, New Jersey

Schmidt-Semisch, Henning (1990a): Drogenpolitik. Zur Entkriminalisierung und Legalisierung von Heroin, München

Schmidt-Semisch, Henning (1990b): Überlegungen zu einem legalen Zugang zu Heroin für alle, in: KrimJ (22), S.122-139

Schmidt-Semisch, Henning (1992): Zwischen Sucht und Genuß. Notizen zur Drogenerziehung, in: Schaich-Walch, Gudrun/Neumeyer, Jürgen (Hg.): Legalisierung?! Ausstiegsszenarien aus der repressiven Drogenpolitik, Marburg (im Druck)

Schmitz, Rudolf (1982): Opium als Heilmittel, in: Völger/Welck 1982, a.a.O., Bd.2, S.650-661

Schmoke, Kurt (1990): The Mayor Of Baltimore Continues His Challenge, in: Trebach/Zeese 1990a, a.a.O., S.200-205

Schopen, Armin (1982): Qat im Jemen, in: Völger/Welck 1982, a.a.O., Bd.2, S.850-860

Schröder, Rudolf (1991): Kaffee, Tee und Kardamom: tropische Genußmittel und Gewürze: Geschichte, Verbreitung, Anbau, Ernte, Aufbereitung, Suttgart

Schweiger, Günter/ Schrattenecker, Gertraud (1989): Werbung. Eine Einführung, 2.bearb.u.erg.Aufl., Stuttgart

Seefelder, Matthias (1990): Opium. Eine Kulturgeschichte, überarb. Ausgabe, Frankfurt a.M.

Seidenberg, Andre (1989a): Chancen einer diversifizierten 'Opiat'-Abgabe, in: die kette (15), S.6-11

Seidenberg, Andrè (1989b): Gesünder Fixen, in: Hamburger Rundschau, 5.10.1989

Seidenberg, André (1990): Chancen in der Drogenpolitik - diversifizierte "Opiat"-Abgabe, in: Schweizerische Ärztezeitung (71), S.1-5

Selling, Peter (1989): Die Karriere des Drogenproblems in den USA, Pfaffenweiler

Senger, Horst (1990): Decriminalization Is Not Enough, in: Trebach/Zeese 1990b, a.a.O., S.36-39

Seyfarth, Siegfried (1982): Betelkauen in Melanesien, in: Völger/Welck 1982, a.a.O., Bd.2, S.969-982

Singhartinger, Johann (1987): Aids als Anlaß - Kontrolle als Konzept. Entwicklungen am Beispiel Strafvollzug, München

Spotts, James E./Shontz, Franklin (1982): Forschungsergebnisse zum Kokaingebrauch, in: Völger/Welck 1982, a.a.O., Bd.3, S.1402-1409

Steinert, Heinz (1976): Über die Funktionen des Strafrechts, in: Neiber, M. (Hg.): Festschrift für Christian Broda, Wien, S.335-371

Stein-Hilbers, Marlene (1980): Was passiert mit Fixern? Strategien der Drogenpolitik, in: KrimJ (12), S.17-34

Stein-Hilbers, Marlene (1985): Selbstreflexive Ansätze in der Drogenforschung, in: Psychologie & Gesellschaftskritik 3/85, S.95-107

Stevenson, Richard (1986): The Benefits of Legalising Heroin, in: The Lancet 29.11.1986, S.1269-1270

Stöhr, Waldemar (1982): Betel in Südost- und Südasien, in: Völger/Welck 1982, a.a.O., Bd.2., S.952-968

Stöver, Heino (1989): Wege zur Legalisierung verbotener Drogen, in: vor-sicht, April 1989, S.7-10

Sweet, Robert W. (1990): A Federal Judge Enlists, in: Trebach/Zeese 1990a, a.a.O., S.205-208

Szasz, Thomas S. (1978): Das Ritual der Drogen, Wien

Szasz, Thomas S. (1980): Das Recht des Menschen auf sein Heroin, in: Penthouse, Juni 1980, S.52-53

Szasz, Thomas S. (1982): Der Krieg gegen Drogen, in: Völger/Welck 1982, a.a.O., Bd.3, S.1335-1347

Täschner, Karl-Ludwig (1979): Sucht als Krnkheit, in: Expertenbrief Drogen 2/1979

Thamm, Bernd Georg (1989): Drogenfreigabe - Kapitulation oder Ausweg? Pro und Kontra zur Liberalisierung von Rauschgiften als Maßnahme zur Kriminalitätsprophylaxe, Hilden/Rhld.

Trautmann, Franz (1989): Akzeptierende Drogenarbeit in Amsterdam - Wie fortschrittlich ist die niederländische Drogenpolitik heute?, in: KrimJ (21), S.126-135

Trebach, Arnold S. (1990): The Plague Among Us, in: Trebach/Zeese 1990a, a.a.O., S.64-69

Trebach, Arnold S./ Zeese, Kevin B. (Eds.) (1989): Drug Policy 1989-1990. A Reformer's Catalogue, Washington

Trebach, Arnold S./Zeese, Kevin B. (Eds.) (1990a): Drug Prohibition and the Conscience of Nations, Washington

Trebach, Arnold S./Zeese, Kevin B. (Eds.) (1990b): The Great Issues of Drug Policy, Washington

Uchtenhagen, Ambros (1980): Gutachten zuhanden des Zürcher Obergerichts zur Frage der Gefährlichkeit des Haschisch- und Heroinkonsums, in: KB (7), S.63-70

Völger, Gisela/Welck, Karin (Hg.) (1982): Rausch und Realität. Drogen im Kulturvergleich, 3 Bde., Reinbek

Vogt, Irmgard (1989a): Zur Geschichte des Alkohols, in: Scheerer/Vogt 1989, a.a.O., S.54-63

Vogt, Irmgard (1989b): Die Alkoholwirtschaft, in: Scheerer/Vogt 1989, a.a.O., S.63-73

Vogt, Irmgard/Scheerer, Sebastian (1989): Drogen und Drogenpolitik, in: Scheerer/Vogt 1989, a.a.O., S.5-50

Voigt, Hermann P. (1985): Zum Thema: Kokain, 2.Aufl., Basel

Voscherau, Henning (1990): "Die rein repressive Drogenbekämpfung ist gescheitert!", in: standpunkt: sozial 2/90, S.4-6

Wayburn, Thomas L. (1990): Fallacies and Unstated Assumptions in Prevention and Treatment, in: Trebach/Zeese 1990b, a.a.O., S.232-238

Wehowsky, Stephan (1990): Ein Meer der Lust. Die Droge als kulturelles Phänomen: Verzauberung der Welt? oder Entzauberung, in: Süddeutsche Zeitung, 25.8.1990

Willmot, Richard/Ryan, Timothy M. (1989): The Drug License, in: Trebach/Zeese 1989, a.a.O., S.146-151

Wolffersadorff-Ehlert, Christian von (1989): Die Cannabis-Szenen, in: Scheerer/Vogt 1989, a.a.O., S.373-379

Wong, Linda S./Alexander, Bruce K. (1989): Cocaine-Related Deaths. Who are the Victims? What is the Cause?, in: Trebach/Zeese 1989, a.a.O., S.177-191

Zinberg, Norman E. u.a. (1978): Patterns of Heroin Use, in: Annals of the New York Academy of Science (311), S.10-24

Zinberg, Norman E: (1979): Nonaddictive Opiate Use, in: DuPont u.a. 1979, a.a.O:, S.303-313

Zinberg, Norman E. (1983): Soziale Kontrollmechanismen und soziales Lernen im Umfeld des Rauschmittelkonsums, in: Lettieri/Welz 1983, a.a.O., S.256-266

ABKÜRZUNGSVERZEICHNIS

a.a.O.:	am angegebenen Ort
Art.:	Artikel
BGBl.:	Bundesgesetzblatt
bsp.:	beispielsweise
BtmG:	Betäubungsmittel-Gesetz
bzgl.:	bezüglich
bzw.:	beziehungsweise
DDD:	Diversifizierte Drogenverschreibung & Drogenvergabe
d.h.:	das heißt
etc.:	et cetera
GG:	Grundgesetz
ggf.:	gegebenenfalls
Hg.:	Herausgeber
hg.v.:	herausgegeben von
i.v.:	intravenös
JES:	Junkies, Ex-Junkies, Substituierte
KB:	Kriminalsoziologische Bibliographie
KrimJ:	Kriminologisches Journal
LMBG:	Lebensmittel- und Bedarfsgegenstände-Gesetz
m.E.:	meines Erachtens
m.w.V.:	mit weiteren Verweisen
Nr.:	Nummer
o.g.:	oben genannt/e/er/es
S.:	Seite
s.:	siehe
sog.:	sogenannt/e/er/es
TabakVO:	Tabak-Verordnung
u.a.:	und andere/ unter anderem
u.v.a.:	und viele andere
u.s.w.:	und so weiter
vgl.:	vergleiche

z.B.:	zum Beispiel
z.T.:	zum Teil
ZRP:	Zeitschrift für Rechtspolitik
ZStW:	Zeitschrift für die gesamte Strafrechtswissenschaft

Was hier nicht steht, steht in der taz.

taz, die tageszeitung.

NEUE KRIMINALPOLITIK

Forum für Praxis, Politik und Wissenschaft

1992 – 4. Jahrgang

Herausgeber und Redaktion
Prof. Dr. Heinz Cornel (Berlin), Prof. Dr. Andrea Baechtold (Bern), Dr. Frieder Dünkel (Freiburg), Prof. Dr. Monika Frommel (Starnberg/Frankfurt), Dr. Anton van Kalmthout (Tilburg), Hartmut Krieg (Bremen), Dr. Bernd Maelicke (Kiel), Helmut Ortner (Darmstadt), Dr. Arno Pilgram (Wien), Prof. Dr. Dieter Rössner (Tübingen/Göttingen), Dr. Helga Cremer-Schäfer (Bad-Vilbel), Prof. Dr. Bernd-Rüdeger Sonnen (Berlin/Hamburg), Prof. Dr. Heinz Steinert (Wien/Frankfurt)

Neue Kriminalpolitik will neue Impulse setzen, Forum sein für eine interdisziplinäre Diskussion, die unter Einbeziehung ausländischer Erfahrungen über den eigenen Tellerrand hinausschaut.
Neue Kriminalpolitik als Synonym für einen gewandelten Begriff von Fachlichkeit und Innovation der Neunziger Jahre mit Zielen wie: Rationaler Umgang mit Kriminalität, Grundrechtsverteidigung, Abbau staatlicher Sozialkontrolle und Vorrang sozialer Konfliktlösungen.
Eine eigenwillige Fachzeitschrift in der inhaltlichen und optischen Methode der Themenaufbereitung: analytisch & pragmatisch, kritisch & aktuell, kompetent & kontrovers, informativ & engagiert.
Neue Kriminalpolitik wendet sich an Kriminologen, Soziologen, Juristen, Politiker, Sozialarbeiter, Pädagogen und Psychologen in Praxis, Politik, Wissenschaft und Ausbildung.

Die Zeitschrift erscheint viermal jährlich. Abonnementpreis jährlich 60,– DM (inkl. Mehrwertsteuer) zuzüglich Porto- und Versandkosten. Für Studenten (jährliche Vorlage einer Studienbescheinigung erforderlich) jährlich 48,– DM, zuzügl. Zustellgebühren. Einzelheft 18,– DM (inkl. Mehrwertsteuer). Kündigung vierteljährlich zum Jahresende. Prospekt und Probehefte durch den Verlag.

Nomos Verlagsgesellschaft
Postfach 610 • 7570 Baden-Baden

Jürgen Neumeyer/Gudrun Schaich-Walch (Hg.)

Zwischen Legalisierung und Normalisierung

Ausstiegsszenarien aus der repressiven Drogenpolitik

Juli 1992, 200 Seiten, Pb. DM 19,80 (PTB 249), ISBN 3-89472-249-5

Leitgedanke bei der Zusammenstellung der Beiträge war die schonungslose Bilanz einer gescheiterten Drogenpolitik und die Suche nach neuen Möglichkeiten der Entkriminalisierung. Unterschiedliche Ausstiegsszenarien werden entworfen und auf ihre Realisierbarkeit überprüft.

Der Band ist verständlich geschrieben, er informiert sachkundig über den aktuellen Stand der Diskussion und fordert provokant zur Stellungnahme heraus.
Es schreiben Fachleute aus den Bereichen Medizin, Recht, Sozialwissenschaften, Kriminologie, Politik und Ökonomie. Um aus den Erfahrungen anderer zu lernen, werden Modelle europäischer Nachbarn vorgestellt.

Aus dem Inhalt: Kritische Bestandsaufnahme der repressiven Drogenpolitik - Kultur und Ideologie - Praktische Erfahrungen - Ausstiegsszenarien - Rechtliche Analysen und Folgerungen

Mit einem Vorwort von Henning Voscherau.

SCHÜREN
Marburg · Berlin

Hermann Herf
500 Jahre Conquista
Kulturelle Identität und Ausbeutung:
vom Coca zum Kokain:
Das Beispiel Peru
Die Krise um das Kokain
und was dahintersteckt

102 Seiten - DM 12,-- zzgl. Versand

herausgegeben von der
Infostelle Peru e.V. Bonn - 1991

Vertrieb:
Dritte Welt Haus Bielefeld
August Bebel Str. 62
4800 Bielefeld 1
☎ 0521/62902

NEU

Michael Lindenberg
Überwindung der Mauern:
Das elektronische Halsband
ISBN 3-923 126-82-4
ca. 200 Seiten
M 114 - ca. DM 29.-

In den USA und in Großbritannien sind seit einigen Jahren Versuche und Diskussionen über eine neue Art, Straffällige zu überwachen, im Gange -: über das 'elektronische Halsband', den überwachten Hausarrest anstelle der Gefängnisstrafe. Das Feld ist bunt und weit sowie zahlreichen Mißverständnissen und Insinuationen ausgesetzt; Orwell und Huxley winken.
Lindenberg vermittelt den eher abgehoben-soziologischen Diskurs mit den Erfahrungen aus ersten Versuchen auf regelrecht vergnügliche Weise; er stellt einen Paradigmenwechsel von der Disziplinar- in die Kontrollgesellschaft fest und untersucht die Möglichkeiten einer Übertragung auf deutsche Verhältnisse.

AG SPAK Bücher - Adlzreiterstraße 23 - 8000 München 2